AI 시대의 컴퓨팅 사고력

쉽게 이해하는 알고리즘

일러두기
- 이 책은 2024년 2월까지의 정보를 바탕으로 만들어진 책입니다. 최신 기술과 다른 내용이 있을 수 있습니다.
- 본문은 교육 목적에 따라 엄밀한 사실보다는 쉬운 이해를 우선해 작성했습니다.

쉽게 이해하는 알고리즘

시마부쿠 마이코 지음 | 가네무네 스스무 감수 | 윤재 옮김

봄마중

시작하며

"알고리즘이 뭐지?"

어쩌면 이 책의 제목을 보고 이렇게 느꼈을지 모르겠어요.

우리 주변에는 스마트폰이나 태블릿 PC, 에어컨이나 냉장고와 같이 컴퓨터로 움직이는 물건이 아주 많답니다. 그리고 자율주행차와 드론, 인공지능(AI)처럼 새로 등장한 기술 중에도 컴퓨터를 활용한 것이 많아요.

우리가 원하는 걸 컴퓨터에게 시키려면 우선 프로그램을 만들어야 하는데, 이때 알고리즘이 무척 중요한 역할을 해요. 프로그램의 알고리즘을 어떻게 짜느냐에 따라서 컴퓨터의 효율이 달라지거든요.

이 책은 다음의 두 가지 방법으로, 여러분이 알고리즘의 기본을 이해하고, 미래를 위해 활용할 수 있도록 도울 거예요.

① 재미있게 문제 풀기

알고리즘을 처음 배우는 사람이라도 술술 읽을 수 있도록 어려운 설명은 생략했어요. 하지만 책을 읽는 중간중간 알쏭달쏭한 부분이 나올지도 몰라요. 설명이 잘 이해되지 않으면 "음, 이런 것도 있구나." 정도로 생각하고 넘어가도 괜찮으니까 우선 재미있게 문제를 푸는 데 집중해 보세요.

② 미래에 도움이 될 힘을 기르기

알고리즘을 이해하면 컴퓨터를 효율적으로 작동시키는 프로그램을 만드는 데 도움이 돼요. 여러 알고리즘 중에서 알맞은 것을 골라 프로그램을 만들기 위해서는 알고리즘의 순서를 정확하게 파악하고 이해하는 것이 중요해요. 그래서 이 책에는 잘 읽고 스스로 열심히 생각해 보아야 하는 문제를 많이 실었어요.

이 책은 여러분의 미래에 분명히 도움이 될 거예요. 그럼 함께 알고리즘을 재미있게 배워 볼까요?

시마부쿠 마이코

차례

시작하며 … 4

1장 순서대로 생각하기

순차 구조
- 문제 1 무거운 물건을 옮겨라 ① … 16
- 문제 2 무거운 물건을 옮겨라 ② … 20

반복 구조
- 문제 3 고장 난 UFO를 고치자 ① … 24
- 문제 4 고장 난 UFO를 고치자 ② … 28

선택 구조
- 문제 5 고장 난 UFO를 고치자 ③ … 32
- 문제 6 고장 난 UFO를 고치자 ④ … 36

박사님과 공부해요!
- '알고리즘'이 무엇일까요? … 40
- 우리 주변의 알고리즘 … 42

2장 알고리즘으로 다른 사람 돕기

이진 탐색
- 문제 7 숫자 맞히기 달인이 되자 ① … 46
- 문제 8 숫자 맞히기 달인이 되자 ② … 50

너비 우선 탐색
- 문제 9 미로를 빨리 탈출하자 ① … 54
- 문제 10 미로를 빨리 탈출하자 ② … 58

배치 최적화
- 문제 11 우체통 자리를 찾자 ① … 62
- 문제 12 우체통 자리를 찾자 ② … 66

박사님과 공부해요!
- 알고리즘을 그림으로 표현해 봐요 … 70
- 우리 주변의 알고리즘 … 72

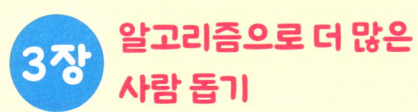 **3장 알고리즘으로 더 많은 사람 돕기**

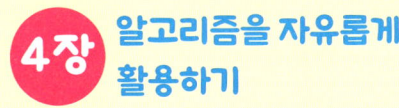 **4장 알고리즘을 자유롭게 활용하기**

버블 정렬
| 문제 13 | 고양이들을 정렬시키자 ① | 76 |
| 문제 14 | 고양이들을 정렬시키자 ② | 80 |

선택 정렬
| 문제 15 | 책장을 정리하자 ① | 84 |
| 문제 16 | 책장을 정리하자 ② | 88 |

다익스트라법
| 문제 17 | 공원으로 가는 지름길을 찾자 ① | 92 |
| 문제 18 | 공원으로 가는 지름길을 찾자 ② | 96 |

카이사르 암호
| 문제 19 | 비밀 메시지를 보내자 ① | 100 |
| 문제 20 | 비밀 메시지를 보내자 ② | 104 |

박사님과 공부해요!
알고리즘과 프로그래밍　　108
우리 주변의 알고리즘　　110

순차 구조
| 문제 21 | 집으로 가는 길을 생각해 보자 ① | 116 |

다익스트라법
| 문제 22 | 집으로 가는 길을 생각해 보자 ② | 120 |

카이사르 암호
| 문제 23 | 심부름을 하자 ① | 124 |

버블 정렬 · 선택 정렬
| 문제 24 | 심부름을 하자 ② | 128 |

배치 최적화
| 문제 25 | 도움이 필요한 외계인을 돕자 | 134 |

감수자의 말　　142
알고리즘 다시 보기　　144

이 책을 보는 법

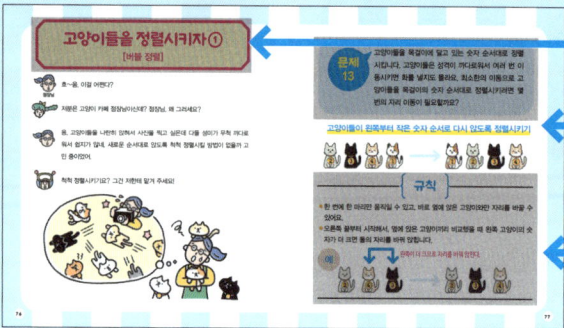

❶ 알고리즘의 이름

문제에 사용된 알고리즘의 종류와 이름을 익혀 보렴.

❷ 문제

문제와 규칙을 잘 읽고 문제를 풀어 봐.

❸ 정답

정답만 보지 말고, 풀이법도 꼭 확인해야 해!

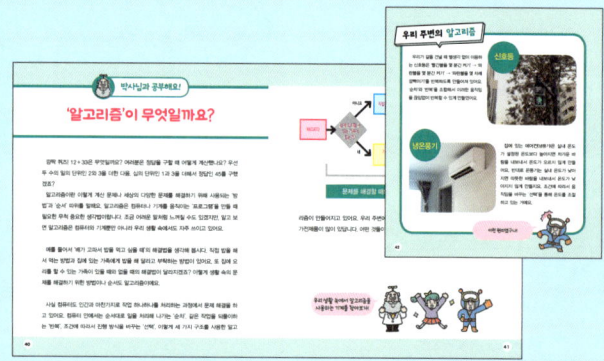

❹ 알고리즘을 더 깊이 이해하기

장이 끝나는 곳에서는 알고리즘의 기초 지식과 그 장에서 배운 알고리즘이 어디에서 사용되는지를 소개한단다.

1장

순서대로 생각하기

알고리즘을 배울 때 중요한 건 머릿속에서 사물의 흐름을 정리하는 거야. 외계인과 함께 고장 난 UFO를 고치면서 알고리즘의 기본 구조인 '순차', '반복', '선택'의 개념을 배워 보자.

무거운 물건을 옮겨라 ①
[순차 구조]

외계인

우아악~! 보세요, UFO가 저렇게 커다란 바위틈에 끼었다니까요! UFO가 꼼짝도 할 수 없는데, 도무지 바위를 어떻게 치워야 할지 모르겠어요.

사키

우아, 엄청 화려하게 착륙했네.

박사님

이렇게 커다란 바위를 우리 힘으로 치우기는 힘들겠어. 척척이의 도움을 받아서 바위가 무너지지 않도록 치워 보자.

문제 1

척척이에게 메모대로 움직이라는 지시를 내렸습니다. 척척이가 지시대로 움직이면 UFO와 바위는 (1)~(4) 중, 어떤 모습이 될까요?

메모

가운데 자리 제일 위에 있는 바위를 든다.
↓
오른쪽 자리에 쌓는다.
↓
가운데 자리 제일 위에 있는 바위를 든다.
↓
오른쪽 자리에 쌓는다.

척척이

(1) 왼쪽 / 가운데 / 오른쪽

(2) 왼쪽 / 가운데 / 오른쪽

(3) 왼쪽 / 가운데 / 오른쪽

(4) 왼쪽 / 가운데 / 오른쪽

 척척이가 메모에 적힌 순서대로 바위를 하나씩 옮기고 있어! 로봇의 힘은 정말 대단한걸?

 감탄만 하지 말고 잘 지켜봐!

{ 설명 }

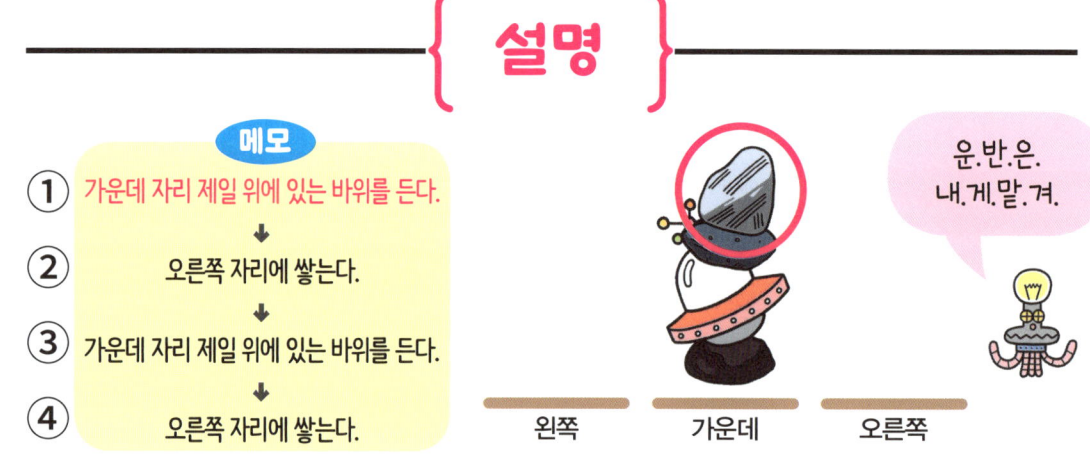

척척이를 메모의 내용대로 움직이게 해 봅시다. 척척이는 ①의 지시에 따라서 가운데 자리 제일 위에 있는 바위를 듭니다.

① 가운데 자리 제일 위에 있는 바위를 든다.
　↓
② 오른쪽 자리에 쌓는다.
　↓
③ 가운데 자리 제일 위에 있는 바위를 든다.
　↓
④ 오른쪽 자리에 쌓는다.

척척이는 ②의 지시에 따라서 들어 올린 바위를 오른쪽 자리에 쌓습니다.

----

① 가운데 자리 제일 위에 있는 바위를 든다.
　↓
② 오른쪽 자리에 쌓는다.
　↓
③ 가운데 자리 제일 위에 있는 바위를 든다.
　↓
④ 오른쪽 자리에 쌓는다.

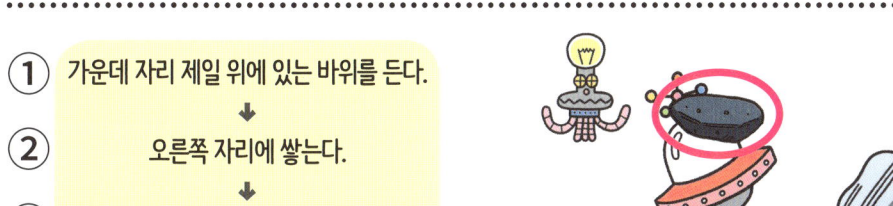

척척이는 ③의 지시에 따라서 가운데 자리 제일 위에 있는 바위를 듭니다.

----

① 가운데 자리 제일 위에 있는 바위를 든다.
　↓
② 오른쪽 자리에 쌓는다.
　↓
③ 가운데 자리 제일 위에 있는 바위를 든다.
　↓
④ 오른쪽 자리에 쌓는다.

척척이는 ④의 지시에 따라서 들어 올린 바위를 오른쪽 자리에 쌓은 다음, 작업을 마칩니다.

무거운 물건을 옮겨라 ②
[순차 구조]

 UFO 위에 쌓여 있던 바위들은 치웠지만, 밑에도 바위가 있어서 너무 불안하게 흔들거리는 것 같아요.

 이 주변은 어딜 둘러봐도 바위뿐이네요. UFO를 바위가 무너져 내리지 않는 안전한 곳으로 옮기면 좋을 텐데.

 좋아! 그럼 다시 한번 척척이에게 부탁해 보자.

 척척이에게 메모대로 움직이라는 지시를 내렸습니다. 척척이가 지시대로 움직이면 UFO와 바위는 (1)~(4) 중, 어떤 모습이 될까요?

문제 2

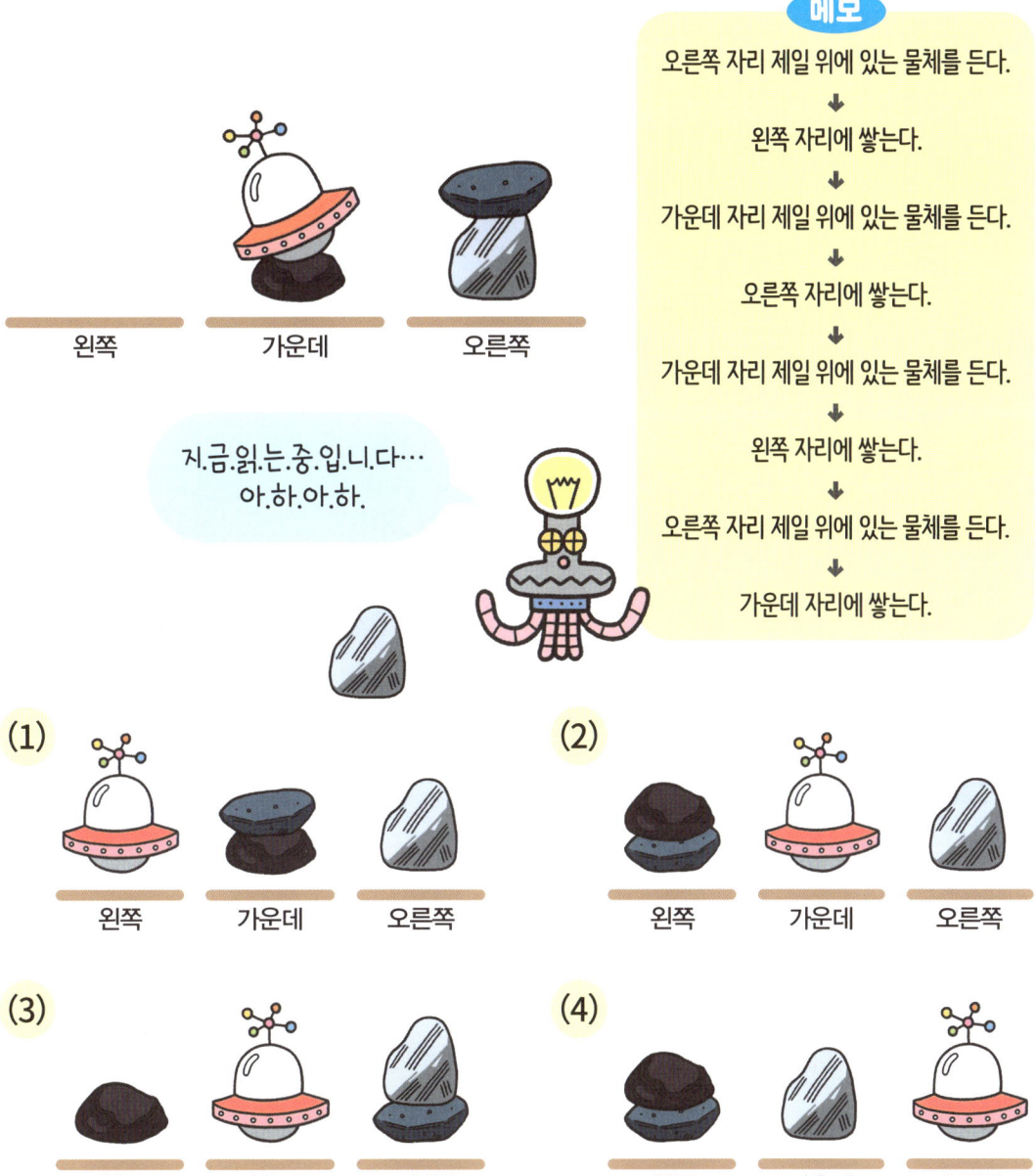

정답 (2)

| 왼쪽 | 가운데 | 오른쪽 |

 아까보다 순서가 늘었지만 하나씩 순서대로 작업하면 어렵지 않을 거야!

{ 설명 }

메모

① 오른쪽 자리 제일 위에 있는 물체를 든다.
↓
왼쪽 자리에 쌓는다.
↓
② 가운데 자리 제일 위에 있는 물체를 든다.
↓
오른쪽 자리에 쌓는다.
↓
③ 가운데 자리 제일 위에 있는 물체를 든다.
↓
왼쪽 자리에 쌓는다.
↓
④ 오른쪽 자리 제일 위에 있는 물체를 든다.
↓
가운데 자리에 쌓는다.

물체를 들어 올린 다음, 내려놓는 것까지의 동작을 한 세트로 생각하니까 이해가 쉽네요!

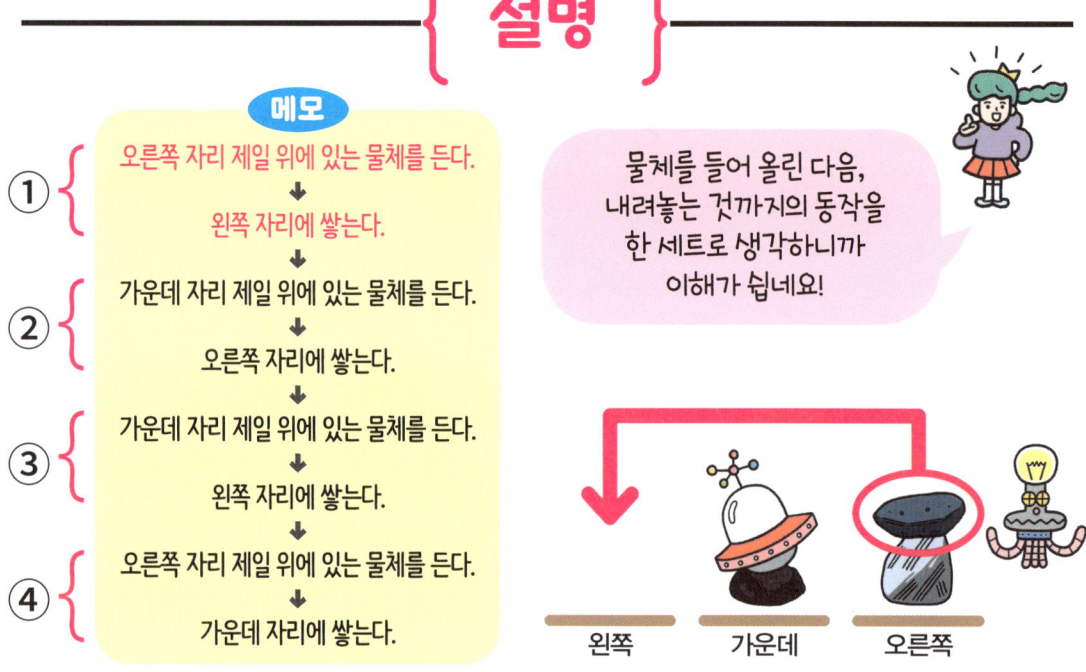

척척이를 메모의 내용대로 움직이게 해 봅시다. 척척이는 ①의 지시에 따라 오른쪽 자리 제일 위에 있는 바위를 들어 왼쪽 자리에 쌓습니다.

척척이는 ②의 지시에 따라 가운데 자리 제일 위에 있는 UFO를 들어 오른쪽 자리에 있는 바위 위에 쌓습니다.

척척이는 ③의 지시에 따라 가운데 자리 제일 위에 있는 바위를 들어 왼쪽 자리에 있는 바위 위에 쌓습니다.

척척이는 ④의 지시에 따라 오른쪽 자리 제일 위에 있는 UFO를 들어 가운데 자리에 쌓은 다음, 작업을 마칩니다.

고장 난 UFO를 고치자 ①
[반복 구조]

 아아~, 다행이다! 드디어 UFO가 움직이겠… 엇! 시동을 걸어도 안 움직이잖아! 왜 이러지?

 혹시 연료가 바닥난 거 아니야?

 이런? 전지가 빠진 부분이 보이는구나. 전지를 넣어 연료를 보충해 주어야겠군!

 UFO의 연료가 건전지라고요?

문제 3

UFO에 전지를 넣어 연료를 보충합니다. 이 UFO는 정해진 순서대로 전지를 채워 넣지 않으면 움직이지 않습니다. A와 B에 넣을 전지는 (1)~(3) 중 무엇이 맞을까요?

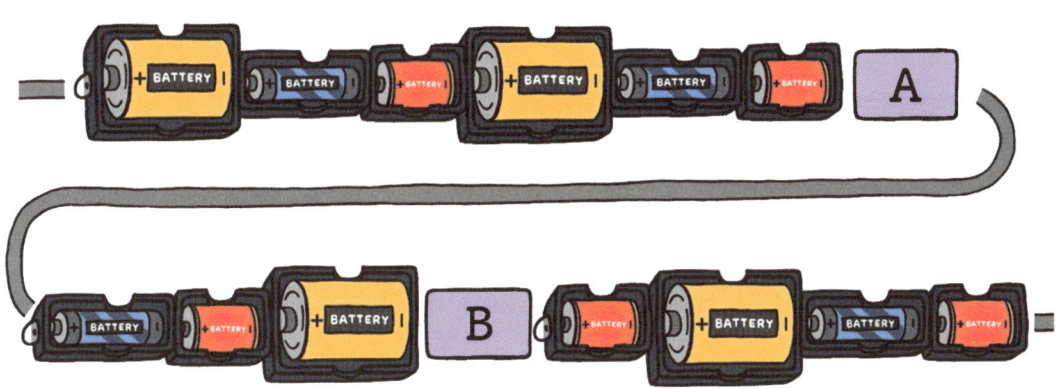

전지가 어떤 순서로 끼워져 있는지 잘 살펴보렴.

(1) 큰 전지

(2) 작은 전지

(3) 기다란 전지

정답
A : (1) 큰 전지
B : (3) 기다란 전지

 순서를 지키는 게 무척 중요하구나!

--- { 설명 } ---

전지는 어떤 순서로 끼워져 있을까요?

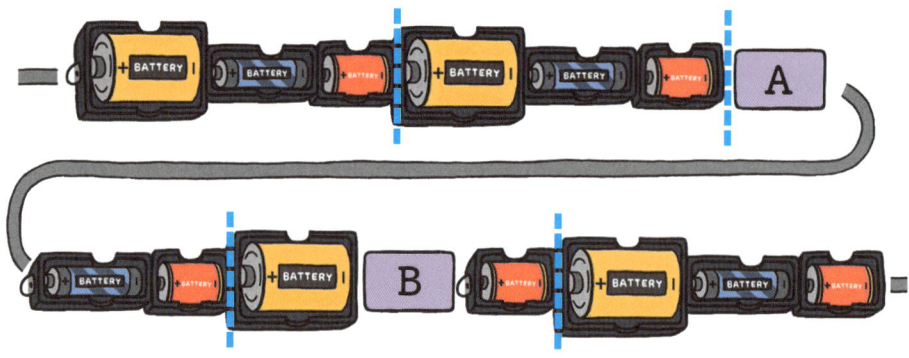

끼워진 순서를 잘 살펴보면 [큰 전지, 기다란 전지, 작은 전지] 순서가 반복되고 있는 걸 알 수 있습니다.

전지의 나열 순서

A와 B 부분에 나열 순서에 따라서 전지를 넣습니다. A 앞은 작은 전지에서 끝나 있으므로 다시 (1) 큰 전지가 들어갑니다.

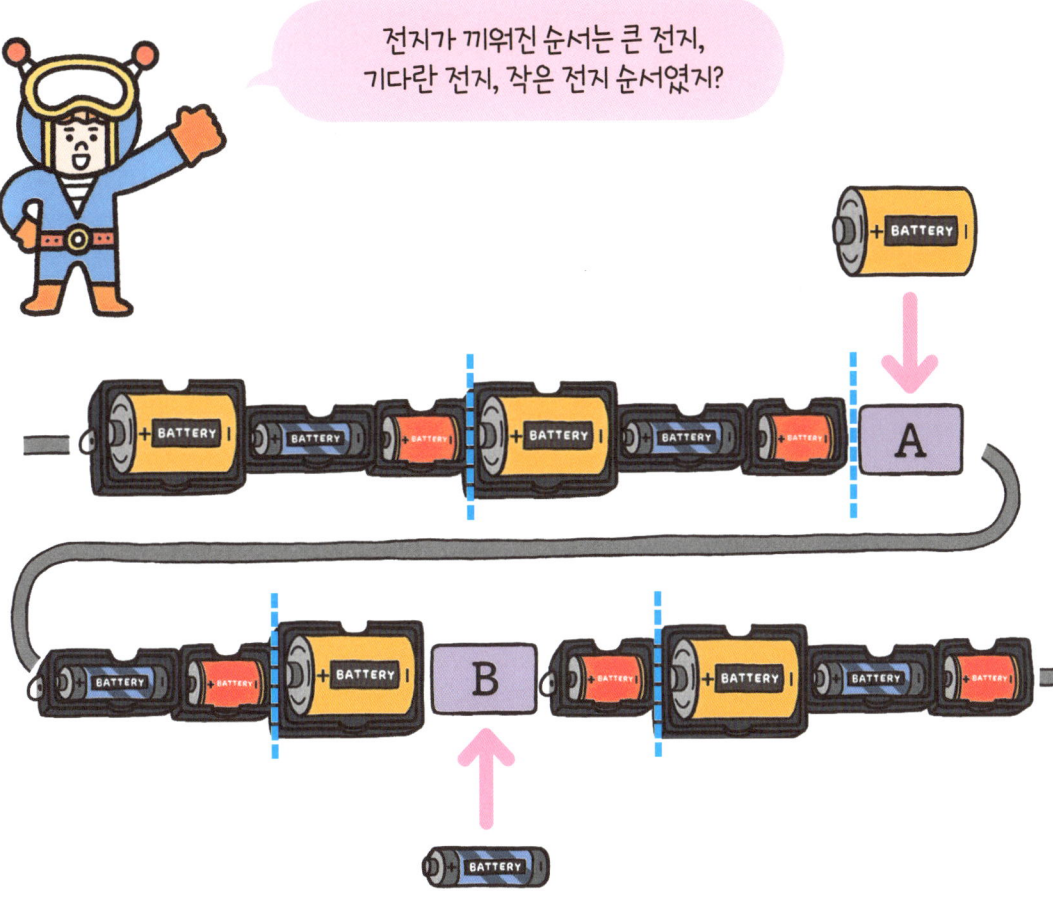

B 앞에는 큰 전지가 있으므로 나열 순서에 따라서 (3) 기다란 전지가 들어갑니다.

고장 난 UFO를 고치자 ②
[반복 구조]

 여기 좀 보세요! 이쪽에도 전지가 잔뜩 끼워져 있어요! 그런데 전지가 빠진 부분도 있는 것 같아요.

 UFO가 이렇게 많은 전지로 움직이고 있었다니, 대단한걸!

 흠, 이번에도 UFO의 연료로 쓰일 전지를 넣어 주어야겠구나.

 **문제 4**
UFO에 전지를 넣어 연료를 보충합니다. 이 UFO는 정해진 순서대로 전지를 채워 넣지 않으면 움직이지 않습니다. A, B, C에 각각 넣어야 할 전지는 (1)~(3) 중, 무엇일까요?

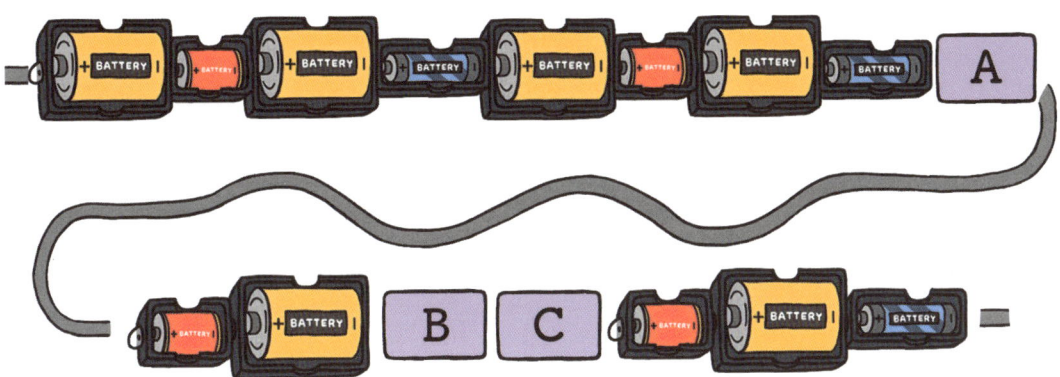

어렵게 생각지 말고 전지가 끼워진 순서를 자세히 살펴보렴!

어… 전지의 나열 순서는…

(1) 작은 전지　　　(2) 기다란 전지　　　(3) 큰 전지

　　　　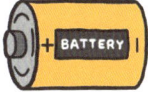

> 정답
> A : (3) 큰 전지
> B : (2) 기다란 전지
> C : (3) 큰 전지

 전지 개수가 늘어나니까 헷갈려~!

―――――――{ 설명 }―――――――

전지는 어떤 순서로 끼워져 있을까요?

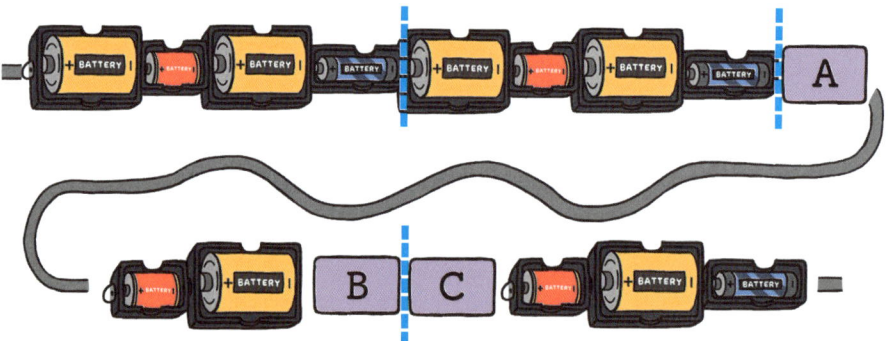

끼워진 순서를 잘 살펴보면 전지는 [큰 전지, 작은 전지, 큰 전지, 기다란 전지] 순서로 반복되어 나열되어 있지요.

전지의 나열 순서
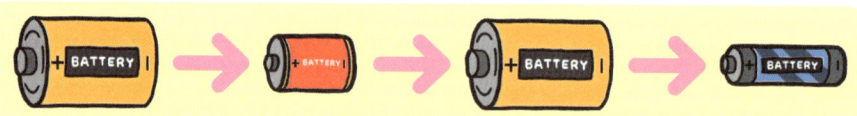

A, B, C 부분에 나열 순서에 따라서 전지를 넣습니다. A 앞은 기다란 전지에서 끝나 있으므로 다시 (3) 큰 전지가 들어갑니다.

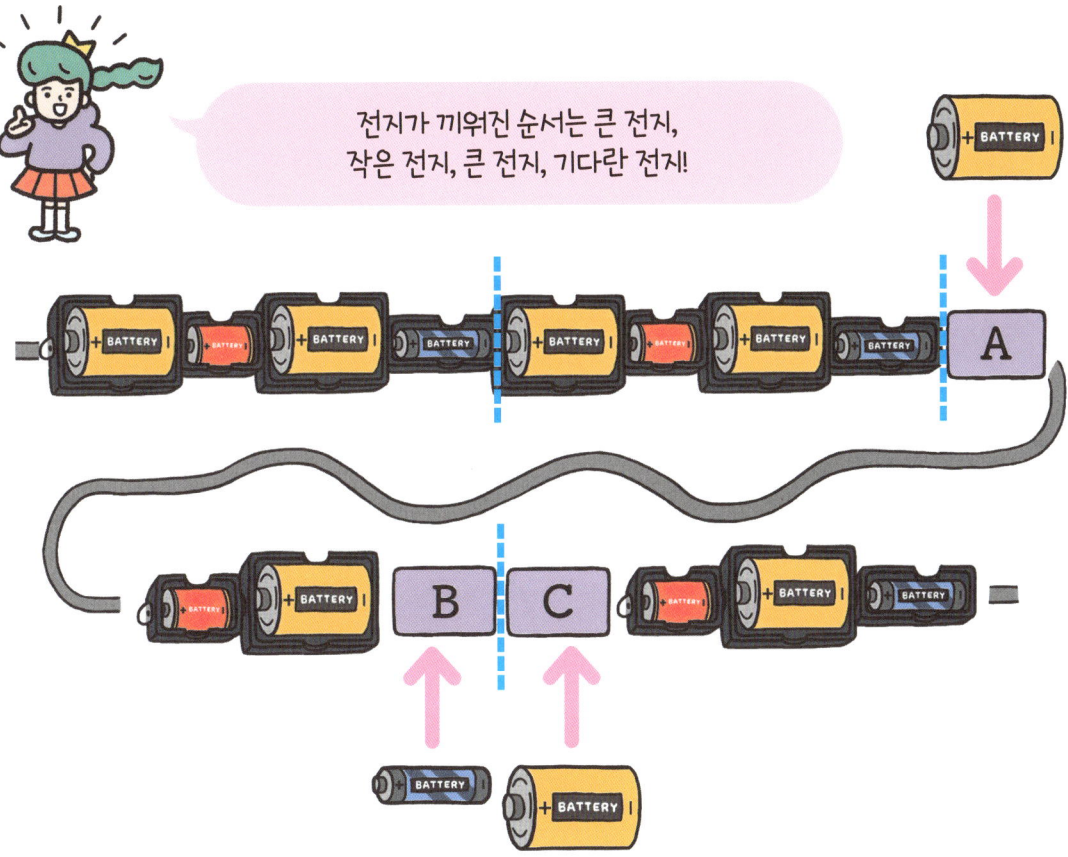

B 앞에는 큰 전지가 있으므로 나열 순서에 따라서 (2) 기다란 전지가 들어갑니다. C는 다시 나열 순서의 처음으로 돌아가므로 (3) 큰 전지가 들어갑니다.

고장 난 UFO를 고치자 ③
[선택 구조]

 전지를 다시 넣었는데도 UFO가 안 움직여요.

 어떡해, 내 UFO가 완전히 망가졌나 봐!

 침착하렴. 오, 여기에 설명서가 붙어 있구나! 이 조건대로 부품을 사용해서 수리하면 되겠어!

문제 5

고장 난 UFO를 수리하는 데 필요한 부품을 고릅니다. 설명서에 적혀 있는 조건대로 부품을 고르면 다음 (1)~(3) 중, 어떤 묶음이 올바를까요?

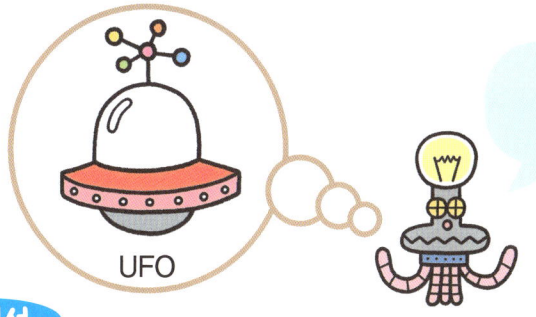

척.척. 고.쳐.보.자.

설명서

- 만약 UFO를 위에서 봤을 때 동그라미라면 머리가 네모난 나사를 사용한다.
- 만약 UFO를 위에서 봤을 때 네모라면 머리가 동그란 나사를 사용한다.
- 만약 UFO를 위에서 봤을 때 별 모양이라면 머리가 별 모양인 나사를 사용한다.

설명서

- 만약 안테나의 전구가 1개라면 둥근 막대를 사용한다.
- 만약 안테나의 전구가 3개라면 삼각형 막대를 사용한다.
- 만약 안테나의 전구가 5개라면 별 모양 막대를 사용한다.

나사 보관함

막대 보관함

(1) ①, ⑤   (2) ③, ④   (3) ③, ⑥

정답 (2) ③, ④

각각의 조건에 맞는 부품을 고르면 되는 거죠? 그런데 이걸로 정말 UFO를 고칠 수 있을까요?

고칠 수 있을 거야. 나에게 맡겨 보렴!

――――――――――― { 설명 } ―――――――――――

설명서에 적힌 조건에 맞추어 필요한 부품을 골라 봅시다. 우선, UFO를 위에서 보았을 때 모양은 동그라미이므로 나사 보관함에서는 '머리가 네모난 나사'를 고릅니다.

위에서 본 모양

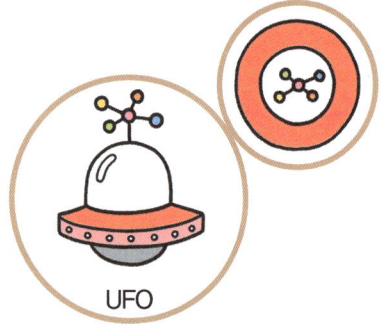

UFO

설명서
- ○ 만약 UFO를 위에서 봤을 때 동그라미라면 머리가 네모난 나사를 사용한다.
- × 만약 UFO를 위에서 봤을 때 네모라면 머리가 동그란 나사를 사용한다.
- × 만약 UFO를 위에서 봤을 때 별 모양이라면 머리가 별 모양인 나사를 사용한다.

그다음, 안테나의 전구는 5개이므로 막대 보관함에서는 '별 모양 막대'를 고릅니다.

> **설명서**
> × 만약 안테나의 전구가 1개라면 둥근 막대를 사용한다.
> × 만약 안테나의 전구가 3개라면 삼각형 막대를 사용한다.
> ○ 만약 안테나의 전구가 5개라면 별 모양 막대를 사용한다.

각각의 보관함에서 해당되는 부품을 찾아보면 '머리가 네모난 나사'는 ③, '별 모양 막대'는 ④이므로 정답은 (2)입니다.

나사 보관함

막대 보관함

간.단.해. 간.단.해!

고장 난 UFO를 고치자 ④
[선택 구조]

 UFO는 참 여러 가지 부품으로 이루어져 있구나.

 우리 아빠가 만들어 주신 거야! 멋지지?

 얘들아, 감탄만 하지 말고 일도 좀 도와주면 좋겠구나. 더 필요한 부품을 찾아와 주겠니?

 **문제 6**

고장 난 UFO를 수리하는 데 필요한 부품을 고릅니다. 설명서에 적혀 있는 조건대로 부품을 고르면 다음 (1)~(3) 중, 어떤 묶음이 올바를까요?

U.F.O의. 특.징.을. 떠.올.려.봐!

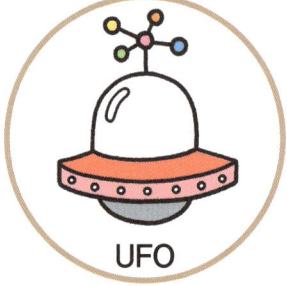

UFO

설명서
- 만약 안테나의 전구가 2개라면 L자형 고정쇠를 사용한다.
- 만약 안테나의 전구가 3개라면 일자형 고정쇠를 사용한다.
- 만약 안테나의 전구가 5개라면 십자형 고정쇠를 사용한다.

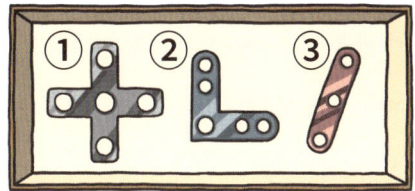
고정쇠 보관함

설명서
- 만약 UFO를 위에서 봤을 때 별 모양이라면 큰 덩어리 용수철을 사용한다.
- 만약 UFO를 위에서 봤을 때 동그라미라면 가볍게 풀어진 용수철을 사용한다.
- 만약 UFO를 위에서 봤을 때 네모라면 가는 기둥 모양 용수철을 사용한다.

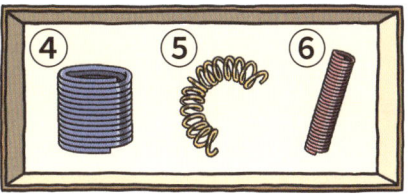
용수철 보관함

설명서
- 만약 안테나 전구가 별 모양이라면 구멍이 없는 톱니바퀴를 사용한다.
- 만약 안테나 전구가 둥근 모양이라면 뾰족뾰족한 가시 모양 톱니바퀴를 사용한다.
- 만약 안테나 전구가 안 달렸다면 동그란 구멍이 7개 난 톱니바퀴를 사용한다.

톱니바퀴 보관함

(1) ②, ⑤, ⑧   (2) ①, ⑥, ⑧   (3) ①, ⑤, ⑨

정답 (3) ①, ⑤, ⑨

박사님! 여기 부품 가져왔어요!

잘했다. 이제 UFO를 고칠 수 있겠구나!

―――――――――― { 설명 } ――――――――――

설명서에 적힌 조건에 맞추어 필요한 부품을 골라 봅시다. 먼저, 안테나의 전구는 5개이므로 보관함에서 '십자형 고정쇠'를 고릅니다.

설명서
× 만약 안테나의 전구가 2개라면 L자형 고정쇠를 사용한다.
× 만약 안테나의 전구가 3개라면 일자형 고정쇠를 사용한다.
○ 만약 안테나의 전구가 5개라면 십자형 고정쇠를 사용한다.

UFO

고정쇠 보관함

다음으로 용수철 보관함에서 조건에 맞는 용수철을 고릅니다. UFO를 위에서 본 모양은 동그라미이므로 '가볍게 풀어진 용수철'을 고릅니다.

> **설명서**
> × 만약 UFO를 위에서 본 모양이 별 모양이라면 큰 덩어리 용수철을 사용한다.
> ○ 만약 UFO를 위에서 본 모양이 동그라미라면 가볍게 풀어진 용수철을 사용한다.
> × 만약 UFO를 위에서 본 모양이 네모라면 가는 기둥 모양 용수철을 사용한다.

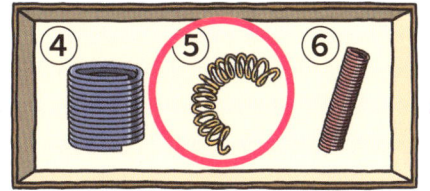

조건에 따라서 선택이 바뀌겠는걸?

마지막으로 톱니바퀴를 고릅니다. 안테나 전구는 둥근 모양이므로 '뾰족뾰족한 가시 모양 톱니바퀴'를 고릅니다.

> **설명서**
> × 만약 안테나 전구가 별 모양이라면 구멍이 없는 톱니바퀴를 사용한다.
> ○ 만약 안테나 전구가 둥근 모양이라면 뾰족뾰족한 가시 모양 톱니바퀴를 사용한다.
> × 만약 안테나 전구가 안 달렸다면 동그란 구멍이 7개 난 톱니바퀴를 사용한다.

고정쇠는 ①, 용수철은 ⑤, 톱니바퀴는 ⑨를 골라야 하므로, 정답은 (3)입니다.

박사님과 공부해요!

'알고리즘'이 무엇일까요?

깜짝 퀴즈! 12+33은 무엇일까요? 여러분은 정답을 구할 때 어떻게 계산했나요? 우선 두 수의 일의 단위인 2와 3을 더한 다음, 십의 단위인 1과 3을 더해서 정답인 45를 구했겠죠?

알고리즘이란 이렇게 계산 문제나 세상의 다양한 문제를 해결하기 위해 사용되는 '방법'과 '순서' 따위를 말해요. 알고리즘은 컴퓨터나 기계를 움직이는 '프로그램'을 만들 때 필요한 무척 중요한 생각법이랍니다. 조금 어려운 말처럼 느껴질 수도 있겠지만, 알고 보면 알고리즘은 컴퓨터와 기계뿐만 아니라 우리 생활 속에서도 자주 쓰이고 있어요.

예를 들어서 '배가 고파서 밥을 먹고 싶을 때'의 해결법을 생각해 봅시다. 직접 밥을 해서 먹는 방법과 집에 있는 가족에게 밥을 해 달라고 부탁하는 방법이 있어요. 또 집에 요리를 할 수 있는 가족이 있을 때와 없을 때의 해결법이 달라지겠죠? 이렇게 생활 속의 문제를 해결하기 위한 방법이나 순서도 알고리즘이에요.

사실 컴퓨터도 인간과 마찬가지로 작업 하나하나를 처리하는 과정에서 문제 해결을 하고 있어요. 컴퓨터 안에서는 순서대로 일을 처리해 나가는 '순차', 같은 작업을 되풀이하는 '반복', 조건에 따라서 진행 방식을 바꾸는 '선택', 이렇게 세 가지 구조를 사용한 알고

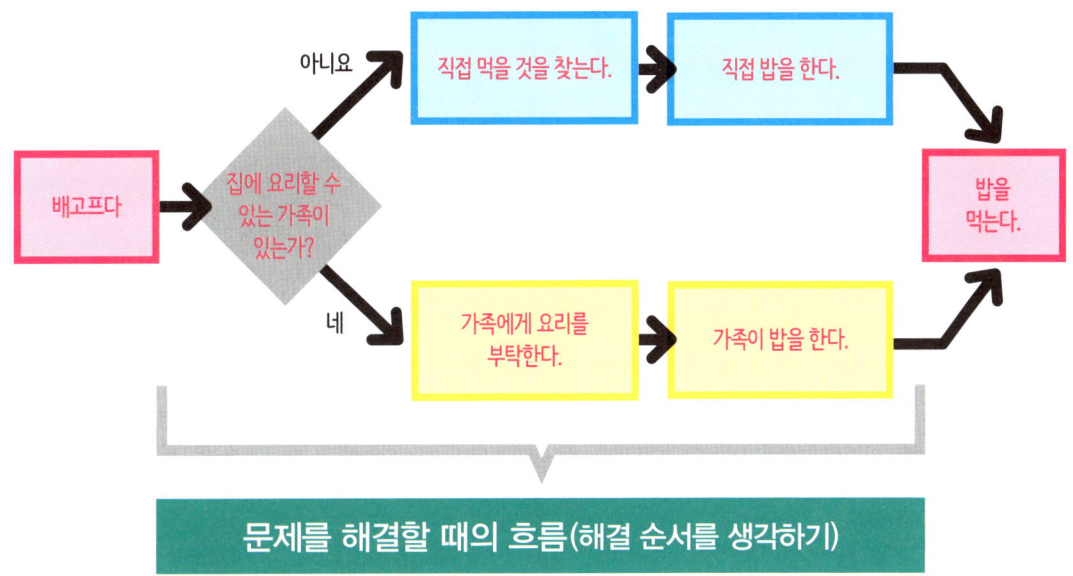

문제를 해결할 때의 흐름(해결 순서를 생각하기)

리즘이 만들어지고 있어요. 우리 주변에도 이 세 가지 구조를 사용해서 움직이는 기계와 가전제품이 많이 있답니다. 어떤 것들이 있는지 함께 찾아볼까요?

우리 주변의 알고리즘

우리가 길을 건널 때 별생각 없이 이용하는 신호등은 '빨간불을 몇 분간 켜기' → '파란불을 몇 분간 켜기' → '파란불을 몇 차례 깜빡이기'를 반복하도록 만들어져 있어요. '순차'와 '반복'을 조합해서 이러한 움직임을 끊임없이 반복할 수 있게 만들었어요.

신호등

냉온풍기

집에 있는 에어컨(냉풍기)은 실내 온도가 설정된 온도보다 높아지면 차가운 바람을 내보내서 온도가 오르지 않게 만들어요. 반대로 온풍기는 실내 온도가 낮아지면 따뜻한 바람을 내보내서 온도가 낮아지지 않게 만들지요. 조건에 따라서 움직임을 바꾸는 '선택'을 통해 온도를 조절하고 있는 거예요.

이런 원리였구나!

2장

알고리즘으로 다른 사람 돕기

본격적인 알고리즘 학습은 이제부터야!
'이진 탐색', '너비 우선 탐색', '배치 최적화' 방식을
사용한 문제를 풀면서 재미있게 알고리즘을 배워 보자.
문제와 규칙을 잘 읽어 봐.

숫자 맞히기 달인이 되자 ①
[이진 탐색]

 유미야, 너 무슨 고민 있어?

 요즘 우리 반에서 생일 알아 맞히기 게임이 유행하는데, 나만 운이 없는지 항상 맞히지 못해서 고민이야.

유미

 운에 맡길 게 아니라, 알고리즘을 사용해서 정답의 범위를 조금씩 좁혀 나가는 방법이 있단다.

 이럴 때도 알고리즘을 쓸 수 있군요!

> **문제 7**
> 다른 사람의 생일이 몇 월인지 맞히는 게임입니다. 외계인과 유미는 각자 다른 방법으로 숫자를 물어보았어요. 먼저 정답을 맞히는 사람은 누구일까요?

외계인의 방법: 먼저 1월~12월의 중간인 6월인지 묻고, 정답이 이보다 더 크다면 7월~12월의 중간인 10월인지 물어볼 거예요. 답을 맞힐 때까지 이 방법을 되풀이하는 거예요!

출제자: 내 생일은 11월!

유미의 방법: 1월부터 순서대로 물어볼래요.

(1) 유미　　(2) 외계인　　(3) 둘이 동시에 맞힘

{ 규칙 }

- 전체 숫자가 짝수일 때는 작은 쪽 숫자를 중간으로 봅니다(예: 전체가 6일 때 중간 숫자는 3과 4 중에 3, 전체가 12일 때 중간 숫자는 6과 7 중에 6).
- 문제를 낸 사람(출제자)은 문제를 맞히는 사람(질문자)이 물어본 숫자가 '정답'인지, 또는 그 숫자보다 '큰지' 아니면 '작은지'만 답할 수 있습니다.

예 3인가요?　　3보다 크단다.

정답 (2) 외계인

 우왜! 이런 방법이 있었다니!

───────────── { 설명 } ─────────────

외계인은 정답의 범위를 절반씩 좁혀 나가는 방법을 사용했습니다. 이 방법으로는 몇 번 만에 정답을 맞힐 수 있을지 함께 알아봅시다.

첫 번째 질문 1~12의 중간 숫자인지 묻는다.

 6월인가요?   6보다 크단다.

1 2 3 4 5 6 7 8 9 10 11 12 → 1 2 3 4 5 6 7 8 9 10 11 12

두 번째 질문 정답은 6보다 크므로 7~12의 중간 숫자인지 묻는다.

 9월인가요?   9보다 크단다.

1 2 3 4 5 6 7 8 9 10 11 12 → 1 2 3 4 5 6 7 8 9 10 11 12

세 번째 질문 정답은 9보다 크므로 10~12의 중간 숫자인지 묻는다.

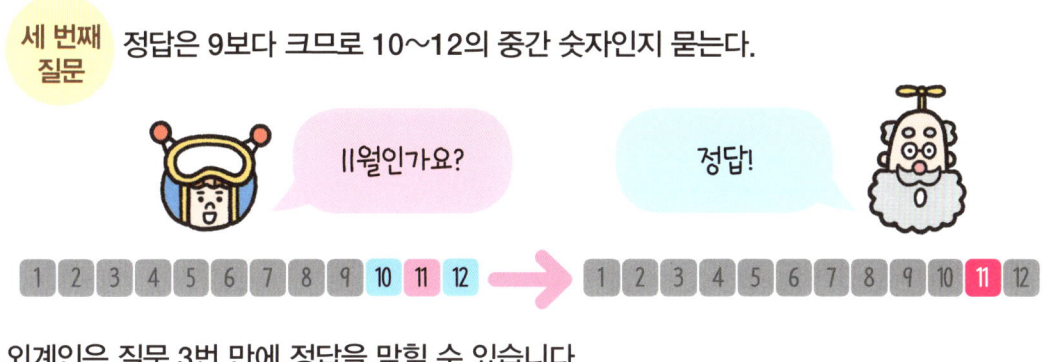

외계인은 질문 3번 만에 정답을 맞힐 수 있습니다.

유미는 1부터 순서대로 질문해 나가는 방법을 사용했습니다. 이 방법으로는 몇 번 만에 정답을 맞힐 수 있을지 살펴봅시다.

유미는 질문 11번 만에 정답을 맞힙니다. 그러므로 먼저 정답을 맞히는 사람은 (2) 외계인 입니다.

숫자 맞히기 달인이 되자 ②
[이진 탐색]

 이렇게 금방 맞힐 수 있다니 대단해요! 한 번 더 해 봐도 될까요?

 그럼, 물론이지! 너희 둘도 잘 봤지? 알고리즘을 사용하면 이렇게 문제가 척척 해결된단다.

 박사님 멋져요! 알고리즘을 사용하면 이렇게 효율적으로 정답을 찾아낼 수가 있군요. 좋았어~, 나도 알고리즘 달인이 되어야지!

 저도 더 많이 공부하고 싶어요!

문제 8 다른 사람의 생일이 며칠인지 날짜를 맞히는 게임입니다. 유미와 사키는 각자 다른 방법으로 숫자를 물어보았어요. 먼저 정답을 맞히는 사람은 누구일까요?

내 생일은 9일이야.

유미의 방법

먼저 1일~30일의 중간인 15일인지 물어보고, 답이 '더 큰 수'라면 16일~30일의 중간인 23일인지 물어볼래요. 정답을 맞힐 때까지 이 방법을 반복할 거예요.

사키의 방법

1일부터 순서대로 물어볼 거예요.

(1) 유미　　(2) 사키　　(3) 둘이 동시에 맞힘

{ 규칙 }

- 전체 숫자가 짝수일 때는 작은 쪽 숫자를 중간으로 봅니다.
- 문제를 낸 사람(출제자)은 문제를 맞히는 사람(질문자)이 물어본 숫자가 '정답'인지, 또는 그 숫자보다 '큰지' 아니면 '작은지'만 답할 수 있습니다.

예　　5인가요?　　5보다 크단다.　

# 정답 (1) 유미

 이 방법을 쓰면 우리 반 1등이 될 수도 있겠어요! 가르쳐 주셔서 고맙습니다!

---—{ 설명 }—---

유미는 정답의 범위를 절반씩 좁혀 나가는 방법을 사용했습니다. 이 방법으로는 몇 번 만에 정답을 맞힐 수 있을지 함께 알아봅시다.

첫 번째 질문  1~30의 중간 숫자인지 묻는다.

두 번째 질문 정답은 15보다 작으므로 1~14의 중간 숫자인지 묻는다.

세 번째 질문 정답은 7보다 크므로 8~14의 중간 숫자인지 묻는다.

11일인가요? → 11보다 작단다.

네 번째 질문 정답은 11보다 작으므로 8~10의 중간 숫자인지 묻는다.

9일인가요? → 정답!

유미는 질문 4번 만에 정답을 맞힙니다.

1일인가요? **첫 번째 질문** 1보다 크단다.

⋮ ↓ ⋮

9일인가요? **아홉 번째 질문** 정답!

사키는 1부터 순서대로 질문해 나가면서 9번 만에 정답을 맞혔고 유미는 4번 만에 정답을 맞혔으므로 먼저 맞힌 사람은 (1) 유미입니다.

미로를 빨리 탈출하자 ①
[너비 우선 탐색]

그렇다면 혹시 미로 게임의 공략법도 아니? 곧 게임 대회가 열리거든.

게임 대회? 재밌겠다! 그런데 난 지구의 게임은 해 본 적이 없어.

우승 상품인 프리미엄 카드를 꼭 가지고 싶은데 방법이 없을까?

옳지, 이번에도 알고리즘을 사용해 보자꾸나!

문제 9

미로의 시작점인 (시)에서 도착점인 (도)까지 가장 빨리 가려면 몇 분이 걸릴까요?

규칙

- 1칸을 이동하는 데 1분이 걸립니다.
- 지금 있는 칸에서 가로나 세로 방향으로 1칸을 이동할 수 있습니다. 하지만 대각선 방향으로는 이동할 수 없고, ■는 막힌 칸이므로 지나갈 수 없습니다.

예

시작점(0)에서 출발해서 도착점까지 걸리는 시간을 적어 보자. 예를 들어 0과 맞붙은 가로세로 칸으로 이동할 때는 1분이 걸리니 0+1인 '1'을 적고, 여기서 맞붙은 가로세로 칸으로 이동할 때는 또 1분이 걸리니 '1'+1인 '2'를 적고, '2'에 맞붙은 칸에는 다시 1을 더해서 '3'을 적고… 이렇게 맞붙은 가로세로 칸에 이동 시간을 적으면, 도착점까지 걸리는 시간을 알 수 있단다.

 **10분**

 이런 방법이 있었다니! 저도 도전해 볼 수 있겠어요!

---————{ **설명** }————---

시작점을 0으로 보고, 맞붙은 가로세로 칸에 '1'을 씁니다. '1'과 맞붙은 가로세로 칸에는 다시 '2'를 씁니다. 이렇게 계속 도착점에 다다를 때까지 이동 시간을 써 보세요.

대각선으로는 이동할 수 없으니까 숫자를 적지 않도록 주의해!

모든 칸을 채우면 도착점과 맞붙은 칸은 '9'와 '11'이 됩니다.

가장 빨리 갈 수 있는 시간을 찾는 문제이므로 도착점 칸에는 '9'에 1을 더한 숫자 '10'을 넣으면 됩니다. 따라서 도착점까지 가장 빨리 가는 데는 10분이 걸립니다.

※ 아래 두 가지 경로가 모두 정답입니다.

미로를 빨리 탈출하자 ②
[너비 우선 탐색]

 이렇게 알고리즘을 사용하면 최단 거리를 찾아낼 수 있단다!

 대단해요, 정말 척척박사시네요! 여쭤 보길 잘했어요.

 지구의 게임은 정말 재미있는걸? 멈출 수가 없어!

 재밌겠다. 나도 할래, 나도!

 얘들아, 내 설명을 계속 좀 들어 주지 않겠니?

문제 10
오른쪽 미로의 시작점(시)에서 도착점(도)까지 가장 빨리 가려면 몇 분이 걸릴까요?

{ 규칙 }

- 1칸을 이동하는 데 1분이 걸립니다.
- 지금 있는 칸에서 가로나 세로 방향으로 1칸을 이동할 수 있습니다. 하지만 대각선 방향으로는 이동할 수 없고, ■는 막힌 칸이므로 지나갈 수 없습니다.

시작점(0)에서부터 규칙대로 숫자를 채워 나가면 되는 거죠?

정답  16분

 이렇게 유용한 방법을 가르쳐 주셔서 감사해요! 대회에서 우승을 노려 볼게요!

 꼭 우승하면 좋겠다! 파이팅!

───────────── { 설명 } ─────────────

시작점을 0으로 보고, 맞붙은 가로세로 칸에 '1'을 씁니다. '1'과 맞붙은 가로세로 칸에는 '2'를 씁니다. 이렇게 계속 도착점에 다다를 때까지 이동 시간을 써 보세요.

모든 칸을 채우면 도착점과 맞붙은 칸은 '15'와 '17'이 됩니다.

11	10	9		17	16		14	15	16
10	9	8		16	15		13		
		7	8		14	13	12	13	14
6	5	6	7	8		11	12	13	14
5	4		6	7	8	9	10		14	15
4	3		5		9	10	11		15	16
	2	3	4	5			12		16	17
0	1			6	7		13	14	15	도

가장 빨리 갈 수 있는 시간을 찾는 문제이므로 도착점 칸에는 '15'에 1을 더한 숫자 '16'을 넣으면 됩니다. 따라서 도착점까지 가장 빨리 가는 데는 16분이 걸립니다.

11	10	9		17	16		14	15	16
10	9	8		16	15		13		
		7	8		14	13	12	13	14
6	5	6	7	8		11	12	13	14
5	4		6	7	8	9	10		14	15
4	3		5		9	10	11		15	16
	2	3	4	5			12		16	17
0	1			6	7		13	14	15	16

※16분 안에 도착점에 다다를 수 있다면 중간에 다른 경로로 가더라도 정답이에요.

우체통 자리를 찾자 ①
[배치 최적화]

공무원 아저씨

으~음, 어쩌면 좋담?

아저씨, 왜 그러세요?

오! 귀여운 옷을 입은 꼬마로구나. 사실 내가 고민이 좀 있단다. 이 근처에 우체통을 새로 설치하기로 했는데, 어디에 두면 좋을지 잘 모르겠어. 그냥 아무 데나 대충 설치해도 될까?

잠깐! 그런 일은 대충 정하면 안 되죠! 알고리즘을 사용해서 생각해 보면 어떨까요?

문제 11

동네에 우체통을 설치하려고 해요. 그런데 비용 때문에 우체통을 여러 곳에 둘 수는 없어요. 모든 역에서 다른 역을 지나지 않고 우체통에 갈 수 있도록 최소한으로 우체통을 설치하려면 ①~⑤ 중, 어느 곳이 좋을까요?

우체통을 새로 설치할 장소

우체통을 ①에 놓으면 어느 역에서 갈 수 있을까?

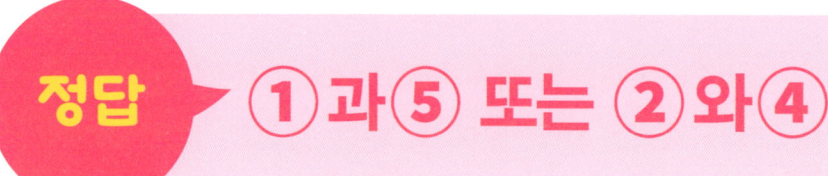

오오~! 이제야 새 우체통이 정말 필요한 곳이 어딘지 알겠어!

다행이에요! 대충 정해서는 안 돼요!

우체통이 필요한 자리를 찾습니다. A역 주변에는 ①과 ②가 있으니, 만약 ①에 우체통을 둔다면 ②에는 우체통을 둘 필요가 없어요. B역 역시 ①에 우체통이 있으면 충분하므로 ④에는 우체통을 둘 필요가 없어요.

둘 중 한 곳에만 설치하면 충분하므로 여기서는 ①에 우체통을 설치한다.

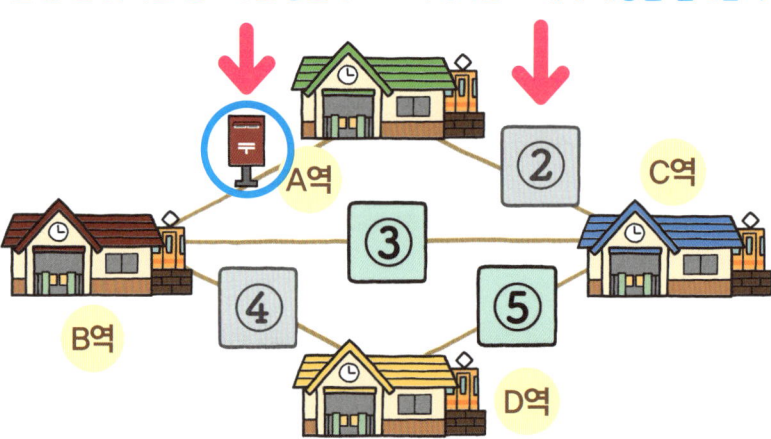

다음은 C역과 D역 사이에 우체통을 설치합니다. ⑤에 우체통을 두면 두 역에서 모두 갈 수 있으니까 ②, ③, ④ 자리에는 우체통을 놓을 필요가 없어요. 이렇게 정리해 보면, ①과 ⑤ 자리에 우체통을 두면 모든 역에서 다른 역을 지나지 않고 우체통에 갈 수 있는 걸 알 수 있어요.

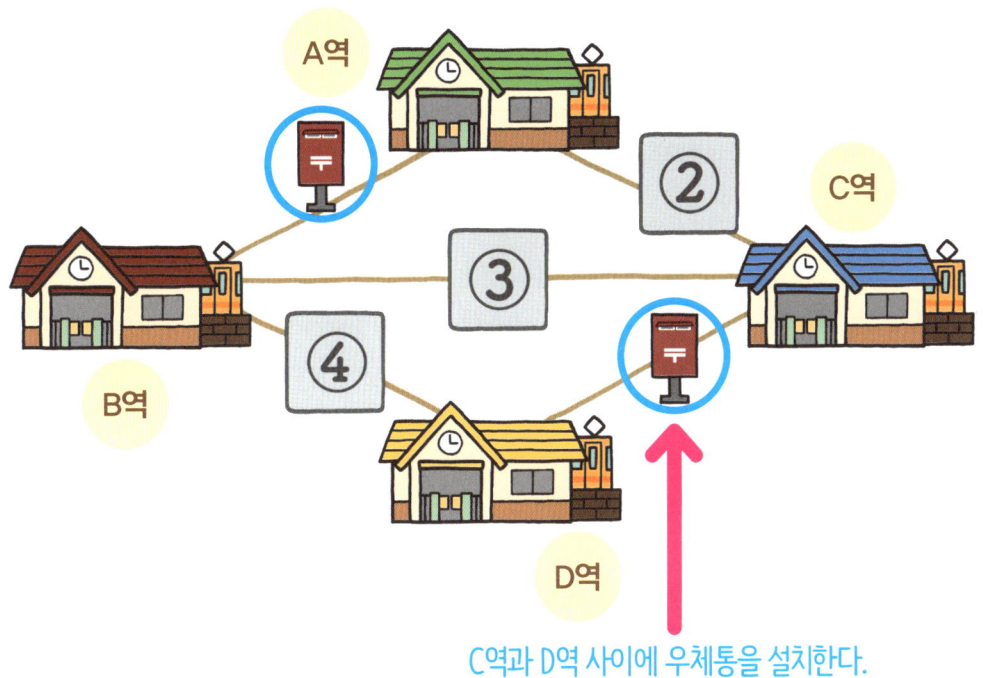

C역과 D역 사이에 우체통을 설치한다.

마찬가지로 ②와 ④에 우체통을 설치하는 것도 정답이에요.

우체통 자리를 찾자 ②
[배치 최적화]

 너희 정말 똑똑하구나! 부탁이 하나 더 있는데, 너희의 능력을 기대해 봐도 될까? 실은 옆 동네에도 새 우체통을 설치하려 하는데, 어디에 세우면 좋을지 잘 모르겠어.

 좋아요~! 저한테 맡기세요! 척척 해결해 드릴게요!

 아주 믿음직하구나, 고마워! 하마터면 잘못 설치해서 부장님께 혼날 뻔했네.

 어른들 세계는 힘든 일이 많아 보여요.

 **문제 12** 옆 동네에도 우체통을 설치하려고 해요. 모든 역에서 다른 역을 지나지 않고 우체통으로 갈 수 있게 하려면 ①~⑦ 중, 어디에 몇 개를 설치하면 좋을까요?

우체통을 새로 설치할 장소

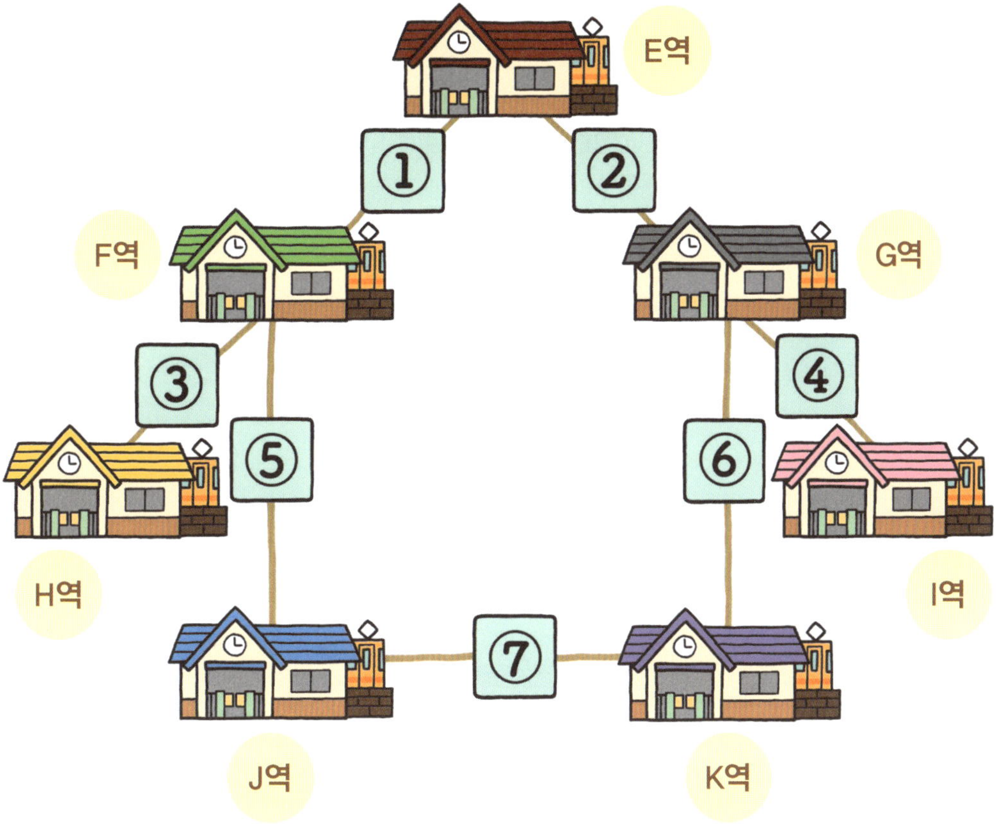

우체통이 꼭 필요한 자리는 어디일까?
많이 설치할 수는 없으니까 최소 개수를 구해 보자!

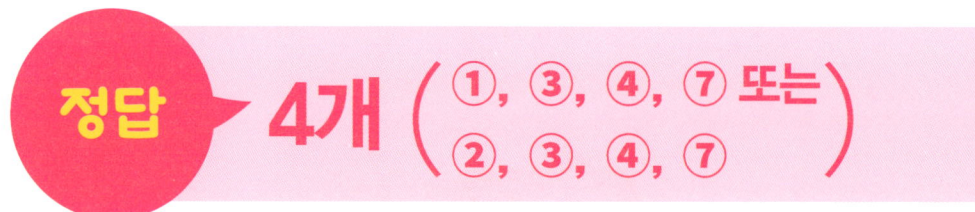

 와, 정말 큰 도움을 받았어! 어서 부장님께 보고드리러 가야겠다! 얘들아, 정말 고마워!

 지구에서 먹고사는 일은 많이 힘들어 보여요, 힘내세요!

───────────────{ 설명 }───────────────

우선, 우체통이 꼭 필요한 자리를 찾습니다. H역과 I역은 다른 역을 지나지 않고 갈 수 있는 길이 각각 하나밖에 없으므로 ③과 ④에는 우체통을 세워야 해요.

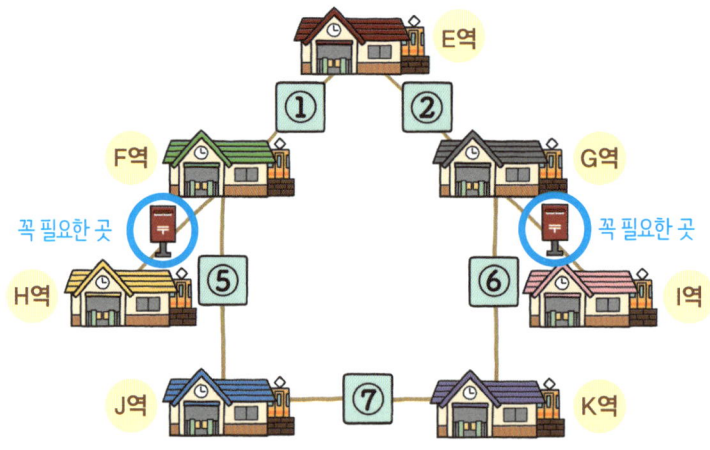

다음은 J역과 K역 사이에 우체통을 설치합니다. 이러면 F역, G역, H역, I역, J역, K역에서 다른 역을 지나지 않고 직접 갈 수 있는 자리에 우체통이 생기므로 ⑤와 ⑥에는 새로 설치할 필요가 없습니다.

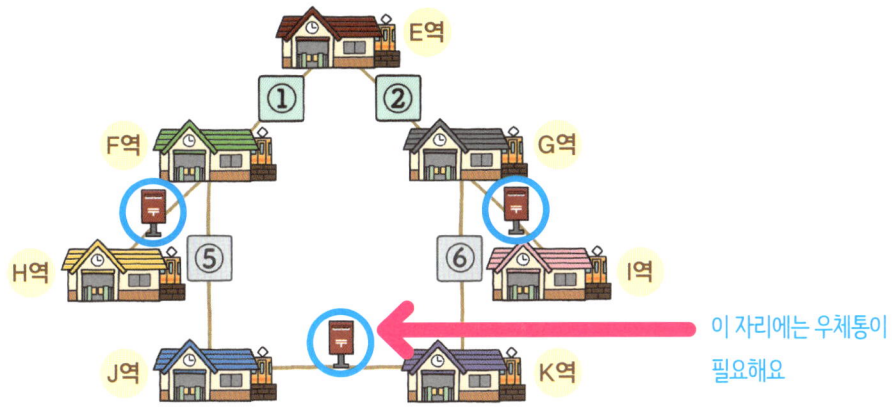

이 자리에는 우체통이 필요해요

E역은 ①이나 ② 둘 중 한 곳에 우체통을 놓으면 됩니다. 그러므로 필요한 우체통의 최소 개수는 4개입니다.

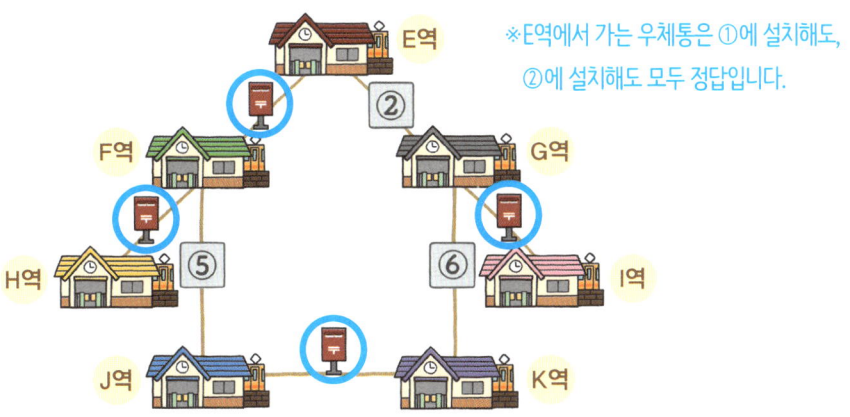

※E역에서 가는 우체통은 ①에 설치해도, ②에 설치해도 모두 정답입니다.

알고리즘을 그림으로 표현해 봐요

알고리즘의 순서는 '순서도'라는 그림으로 나타낼 수 있어요. 순서도는 우리가 1장에서 학습한 '순차', '반복', '선택'의 형태를 사용해서 나타냅니다. 예를 들어 '외출할 때'나 '청소할 때'의 순서를 순서도로 나타내면 아래 그림과 같아요.

외출할 때
- 시작
- 신발 신기
- 비가 오나?
  - 예 → 우산 들고 나가기
  - 아니요
- 외출하기
- 종료

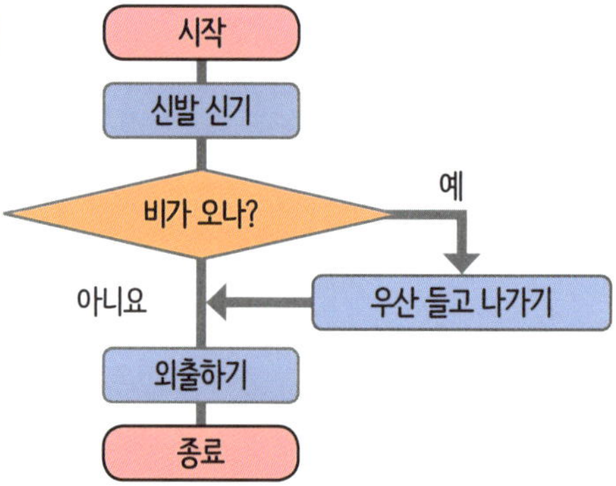

청소할 때
- 시작
- 쓰레기와 먼지가 안 보일 때까지 반복·시작
- 쓰레기 줍기
- 반복·돌아가기
- 종료

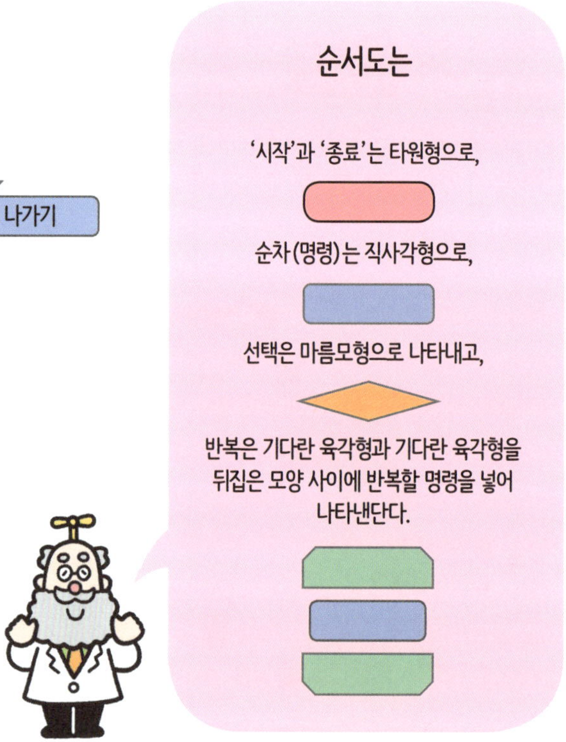

순서도는

'시작'과 '종료'는 타원형으로,

순차(명령)는 직사각형으로,

선택은 마름모형으로 나타내고,

반복은 기다란 육각형과 기다란 육각형을 뒤집은 모양 사이에 반복할 명령을 넣어 나타낸단다.

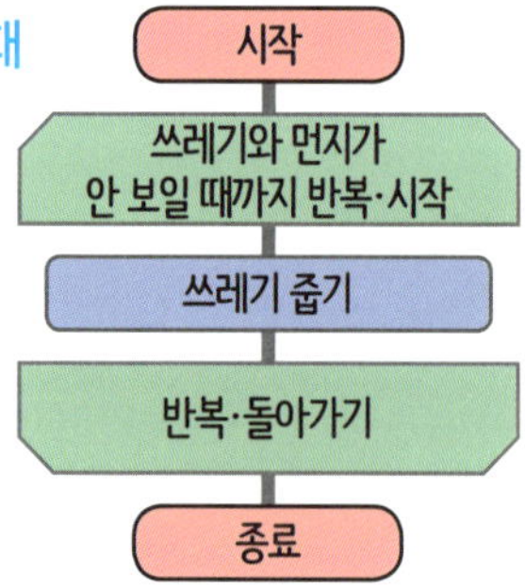

2장에서는 많은 정보 중에서 원하는 정보를 찾을 때 사용하는 '탐색 알고리즘'과 시설이나 물건을 가장 적절한 자리에 배치할 때 사용하는 '배치 최적화 알고리즘'을 배웠어요.

탐색 문제에서는 1부터 순서대로 질문해 숫자를 찾아내는 방법이 나왔는데, 이것은 '선형 탐색'이라는 알고리즘이에요. 찾아내고 싶은 정보가 전체의 앞쪽에 있다면 선형 탐색으로, 중간이나 뒤쪽에 있다면 '이진 탐색'으로 더 빠르게 정보를 찾을 수 있어요. 둘 다 '정보를 빠르게 찾아내기 위한' 목적은 같지만, 사용하는 알고리즘이 다르면 찾아내는 속도도 달라지는 것이 신기하지요?

탐색 알고리즘과 배치 최적화 알고리즘도 순서도로 나타낼 수 있어요. 예를 들어 이진 탐색을 사용한 '숫자순으로 나열한 트럼프 카드 중에서 내가 원하는 카드 찾기'의 흐름을 순서도로 나타내면 아래 그림과 같아요.

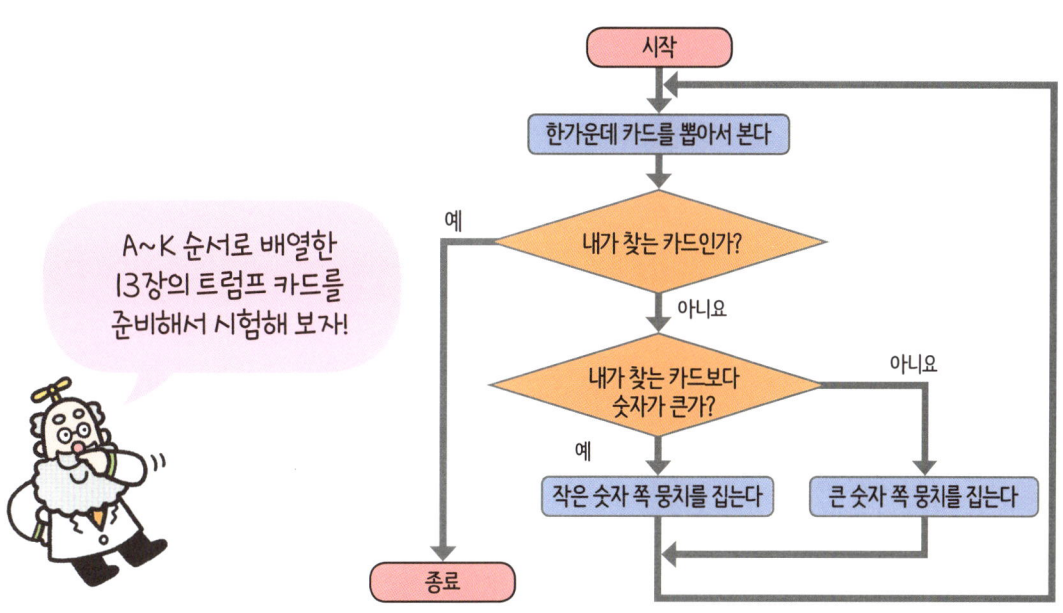

우리 주변의 알고리즘

인터넷에서 자료를 찾을 때 사용하는 구글이나 네이버 등의 검색 엔진은, 우리가 키워드를 입력하면 많은 웹사이트들 속에서 관련된 사이트를 찾아내 보여 줍니다. 이때 사용되는 것이 '이진 탐색'과 같은 '탐색 알고리즘'이에요. 알고리즘은 더욱 효율적으로 정보를 찾아낼 수 있도록 매일매일 업그레이드되고 있답니다.

검색 엔진

기지국 배치

스마트폰으로 전화나 인터넷을 이용하려면 근처에 있는 기지국에 연결되어야 해요. 사용자들이 어디에서나 편안하게 스마트폰을 이용하기 위해서는 기지국의 위치가 무척 중요해요. 기지국의 적절한 배치 위치와 개수를 검토할 때는 '배치 최적화' 알고리즘이 사용된답니다.

동네에서 한 번쯤은 본 적이 있을 거야!

3장

알고리즘으로 더 많은 사람 돕기

외계인과 사키, 박사님과 함께 더 많은 사람을 도우면서
'버블 정렬', '선택 정렬', '다익스트라법', '카이사르 암호'
알고리즘의 개념을 배워 보자. 앞의 내용처럼 하나하나 순서에 따라
생각해 보면 어렵지 않을 거야.

고양이들을 정렬시키자 ①
[버블 정렬]

 흐~음, 이걸 어쩐다?

 저분은 고양이 카페 점장님이신데? 점장님, 왜 그러세요?

 응, 고양이들을 나란히 앉혀서 사진을 찍고 싶은데 다들 성미가 무척 까다로워서 쉽지가 않네. 새로운 순서대로 앉도록 척척 정렬시킬 방법이 없을까 고민 중이었어.

 척척 정렬시키기요? 그건 저한테 맡겨 주세요!

> **문제 13**
>
> 고양이들을 목걸이에 달고 있는 숫자 순서대로 정렬시킵니다. 고양이들은 성격이 까다로워서 여러 번 이동시키면 화를 낼지도 몰라요. 최소한의 이동으로 고양이들을 목걸이의 숫자 순서대로 정렬시키려면 몇 번의 자리 이동이 필요할까요?

고양이들이 왼쪽부터 작은 숫자 순서로 다시 앉도록 정렬시키기

    →

―――{ 규칙 }―――

- 한 번에 한 마리만 움직일 수 있고, 바로 옆에 앉은 고양이와만 자리를 바꿀 수 있어요.
- 오른쪽 끝부터 시작해서, 옆에 앉은 고양이끼리 비교했을 때 왼쪽 고양이의 숫자가 더 크면 둘의 자리를 바꿔 앉힙니다.

  왼쪽이 더 크므로 자리를 바꿔 앉힌다.

   →

정답 ▶ 3번

 오오! 이렇게 금방 정렬할 수 있다니…. 얘들아, 정말 고마워!

 고양이들이 화내지 않아 다행이에요~.

―――――――― { 설명 } ――――――――

먼저, 오른쪽 끝부터 순서대로 옆에 앉은 고양이와 숫자를 비교해 봅니다. 우선 4번과 1번 고양이는 왼쪽인 4번이 오른쪽인 1번보다 숫자가 크므로 자리를 바꿉니다.

오른쪽 끝부터 순서대로 비교하기

자리 바꾸기 1회

 숫자끼리 비교해서 재나열이 필요한지 확인하는 작업을 반복하는 거란다!

다음은 가운데 앉은 고양이들의 숫자를 비교합니다. 왼쪽인 3번이 오른쪽인 1번보다 숫자가 크므로 둘의 자리를 바꿉니다.

이어서 2번과 1번 고양이의 숫자를 비교합니다. 왼쪽 2번의 숫자가 더 크므로 2번과 1번 고양이의 자리를 바꿉니다.

오른쪽 끝에서 왼쪽 끝까지 비교를 마쳤습니다. 모든 고양이가 숫자 순서대로 앉았으니 이제 정렬을 종료합니다. 고양이들은 총 3번의 자리 이동으로 숫자순으로 정렬되었습니다.

고양이들을 정렬시키자 ②
[버블 정렬]

 정말 정말 고마워! 그런데 하나만 더… 부탁해도 될까?

 혹시 고양이들의 자리를 다시 바꿔야 하나요?

 맞아, 아직 몇 마리가 구석에 숨어서 나오지 않았거든. 이번에도 아까처럼 빠르게 자리를 바꿔 앉혀 줄 수 있겠니?

 **문제 14** 고양이들을 목걸이에 달고 있는 숫자 순서대로 정렬시킵니다. 이번에도 고양이들이 화내기 전에 빠르게 자리를 이동시키세요. 최소한의 이동으로 고양이들을 목걸이의 숫자 순서대로 정렬시키려면 몇 번의 자리 이동이 필요할까요?

 왼쪽부터 작은 숫자순으로 앉히기

규칙

- 한 번에 한 마리씩만 움직일 수 있고, 바로 옆의 고양이와만 자리를 바꿀 수 있어요.
- 바로 옆에 앉은 고양이끼리 비교해서 왼쪽 고양이의 숫자가 더 크면 자리를 바꿉니다.
- 왼쪽 끝까지 비교를 마친 다음, 다시 오른쪽 끝으로 돌아와 비교합니다.
- 모든 고양이가 숫자 순서대로 정렬될 때까지 이 흐름을 반복합니다.

첫 번째 ← 오른쪽 끝부터 순서대로 비교한다.

두 번째 ← 오른쪽 끝으로 돌아와 다시 순서대로 비교한다.

예

아까보다 고양이가 늘어나서 이번엔 더 어렵겠죠?

그렇지 않아. 아까와 똑같이 옆에 앉은 고양이들의 숫자를 하나하나 비교하면 된단다.

정답 ▶ 3번

 고양이들이 이렇게 얌전히 자리를 바꿔 앉다니…. 이러면 사진도 정말 예쁘게 나오겠다! 고마워!

{ 설명 }

오른쪽 끝부터 순서대로 옆에 앉은 고양이끼리 숫자를 비교해 봅니다. 우선 5번과 4번 고양이는 왼쪽인 5번의 숫자가 더 크므로 자리를 바꿉니다.

오른쪽 끝부터 순서대로 비교하기 ←

다음은 2번과 4번. 오른쪽 4번이 더 큰 숫자니까 바꾸지 않아도 됩니다. 그다음, 1번과 2번은 오른쪽인 2번이 왼쪽인 1번보다 숫자가 더 크므로 바꾸지 않아도 됩니다.

자리 바꾸기 2회

3과 1를 바꿔 앉히기

다음으로 3번과 1번은 왼쪽인 3번의 숫자가 더 크므로 자리를 바꿉니다. 왼쪽 끝까지 비교를 모두 마쳤기 때문에 제일 왼쪽인 1번이 가장 작은 숫자임을 알 수 있어요.

이제 다시 한번, 오른쪽 끝부터 숫자를 비교해 봅니다. 4번과 5번은 오른쪽의 5번이 더 큰 숫자이므로 바꾸지 않아도 됩니다. 그다음 2번과 4번 역시 오른쪽의 4번이 더 큰 숫자이므로 바꾸지 않아도 됩니다.

오른쪽 끝으로 돌아와 다시 순서대로 비교하기

확정

자리 바꾸기 3회

3과 2를 바꿔 앉히기

이어서 3번과 2번은 왼쪽 3번이 더 큰 숫자이므로 자리를 바꿉니다. 1번은 왼쪽 끝자리이므로 고양이들이 숫자 순서대로 정렬되었습니다.

책장을 정리하자 ①
[선택 정렬]

 어이쿠쿠, 허리야. 이거 허리가 아파 큰일이군.

 할아버지, 괜찮으세요? 저희가 도와드릴게요!

 이런, 고맙구나. 책장의 책을 다시 정리하려 일어났는데 허리가 너무 아파서 도움이 필요하던 참이었단다. 어이쿠쿠…….

 책장 정리는 저희도 도울 수 있어요! 도와드릴게요!

뒤섞인 책을 숫자가 작은 순서대로 책장에 다시 꽂아 봅시다. 규칙에 적힌 방법에 따라서 최소한의 이동만으로 책을 다시 꽂아 넣는 것이 목표입니다. 몇 번의 위치 이동이 필요할까요?

책을 이동시켜서 왼쪽부터 숫자가 작은 순서대로 정렬시키기

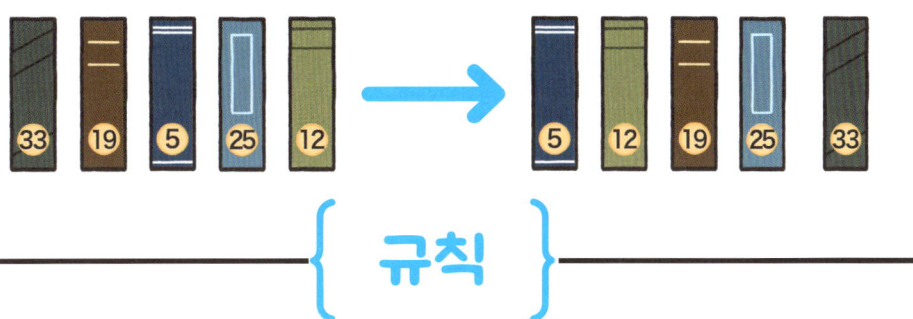

───────────────{ 규칙 }───────────────

- 가장 작은 숫자의 책을 찾아서 왼쪽 끝 책과 바꿉니다. 그런 다음, 나머지 책 중에서 가장 작은 숫자가 붙은 책을 찾아 그다음 왼쪽 끝의 책과 바꿉니다.
- 모든 책이 올바른 위치에 정렬될 때까지 이것을 반복합니다.

예

가장 작은 숫자가 붙은 책을 찾아내서 왼쪽 끝 책과 바꿔 꽂는다.

 이걸 어쩌나 걱정이 많았는데, 마침 너희가 있어 다행이로구나.

--- { 설명 } ---

책에 붙은 숫자 중 가장 작은 숫자는 5입니다. 5는 왼쪽 끝에 놓아야 하므로, 왼쪽 끝 33과 바꿉니다. 이러면 5의 위치는 확정됩니다.

가장 작은 숫자를 찾기

33과 5를 바꿔 꽂기

바꿔 꽂기 1회

가장 작은 숫자를 찾기

19와 12를 바꿔 꽂기

다음으로 작은 숫자인 12는 왼쪽 두 번째 끝의 19와 위치를 바꿉니다.

바꿔 꽂기 2회

확정

그다음으로 작은 숫자는 19입니다. 19는 왼쪽에서 세 번째 끝에 있는 33과 위치를 바꿉니다.

가장 작은 숫자를 찾기

33과 19를 바꿔 꽂기

바꿔 꽂기 3회

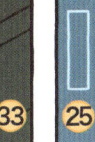 

확정 확정

다음으로 작은 숫자인 25는 이미 바르게 정렬되어 있습니다. 가장 큰 숫자인 33도 오른쪽 끝에 잘 꽂혀 있으므로 바꿔 꽂기를 마칩니다. 책은 총 3번의 위치 이동으로 정렬되었습니다.

똑같이 자리를 바꾸는 방식이지만 이 방법은 고양이를 정렬시킬 때랑은 또 다르구나!

책장을 정리하자 ②
[선택 정렬]

어이쿠, 허리가 아파 어쩌나 했는데 이렇게 금방 책을 깔끔하게 다시 꽂아 주다니 참 고맙구나.

별말씀을요! 혹시 필요하시면 이 책장의 책을 전부 깔끔하게 다시 정리해 드릴게요!

그래 줄 수 있겠니? 이거 고마워서 어쩌지?

할아버지는 편히 앉아서 쉬고 계세요.

우리 아이들이 벌써 이렇게 듬직해지다니….

문제 16
뒤섞인 책을 숫자가 작은 순서대로 책장에 다시 꽂아 봅시다. 규칙에 적힌 방법에 따라서 최소한의 이동만으로 책을 다시 꽂는 것이 목표입니다. 책을 숫자 순서대로 정렬하려면 몇 번의 위치 이동이 필요할까요?

책을 이동시켜서 왼쪽부터 숫자가 작은 순서대로 정렬시키기

{ 규칙 }

- 가장 작은 숫자가 붙은 책을 찾아서 왼쪽 끝 책과 바꿉니다. 그런 다음, 나머지 책 중에서 가장 작은 숫자가 붙은 책을 찾아서 그다음 왼쪽 끝의 책과 바꿉니다.
- 모든 책이 올바른 위치에 정렬될 때까지 이것을 반복합니다.

우선 책에 붙은 숫자 중에서
가장 작은 숫자를 찾아보자!

정답  4번

 너희들 덕분에 책장이 아주 말끔해졌구나! 도와주어 정말 고맙다.

─────────────── { 설명 } ───────────────

책들에 붙은 숫자 중 가장 작은 숫자는 2입니다. 2는 왼쪽 끝에 놓아야 하므로, 왼쪽 끝 8과 바꿉니다. 이러면 2의 위치는 확정됩니다.

다음으로 작은 숫자인 8은 왼쪽 두 번째 끝의 22와 위치를 바꾸어 꽂습니다.

가장 작은 숫자를 찾기

그다음으로 작은 숫자는 13입니다. 13은 왼쪽 세 번째 끝에 있는 22와 위치를 바꿉니다.

22와 13을 바꿔 꽂기

바꿔 꽂기 3회

확정 확정

다음으로 작은 숫자는 22입니다. 22는 오른쪽 세 번째에 있는 40과 위치를 바꿉니다.

가장 작은 숫자를 찾기

40과 22를 바꿔 꽂기

바꿔 꽂기 4회

확정 확정 확정

다음으로 작은 숫자인 32는 이미 바르게 정렬되어 있습니다. 가장 큰 숫자인 40도 오른쪽 끝에 잘 꽂혀 있으므로 총 4번의 위치 이동을 마치고 바꿔 꽂기를 마칩니다.

공원으로 가는 지름길을 찾자 ①
[다익스트라법]

초능력자: 흐아아앙! 어떡해~! 지각하겠어, 지각~!

저 형은 신기한 옷을 입고 있네요?

저기요! 혹시 공원으로 가는 지름길을 아세요? 공원에서 초능력자 쇼가 열릴 시간인데, 주인공인 제가 지각을 하게 생겼어요! 가는 길에 창고에 들러 짐도 챙겨가야 하는데 어쩌면 좋죠?!

이렇게 초능력자답지 않을 수가. 진정을 좀 해 보게, 공원까지 가는 지름길은 우리가 찾아 줄 테니!

> **문제 17**
> 시작점에서 창고를 지나 공원으로 갈 수 있는 가장 빠른 길을 찾습니다. 지도에 적힌 숫자는 그 길을 지나가는 데 몇 분이 걸리는지 알려 주는 숫자예요. 시작점에서 가장 빠른 길로 가면 몇 분 만에 공원에 도착할 수 있을까요?

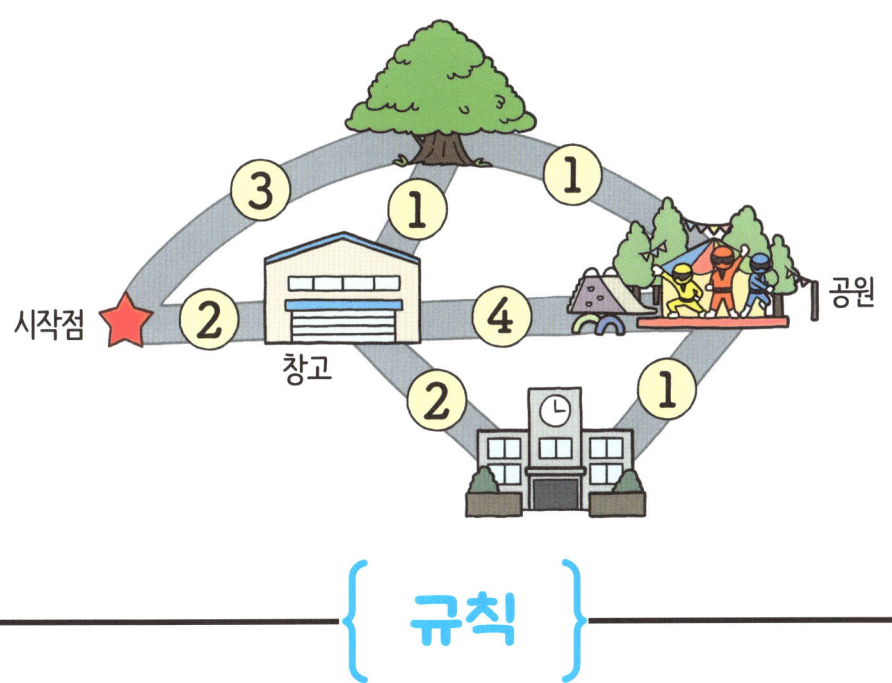

규칙

- '시작점에서 창고까지', '창고에서 공원까지' 각각 가장 빨리 갈 수 있는 길을 선택합니다.
- 같은 길을 두 번 지나갈 수는 없어요.

 우와아! 아슬아슬하게 시간을 맞출 수 있겠어요! 고맙습니다!

설명

시작점에서 출발해 창고를 거쳐서 공원으로 가는 가장 빠른 길을 찾아내려면 '시작점에서 창고까지 가장 빨리 도착하는 길'과 '창고에서 공원까지 가장 빨리 도착하는 길'을 찾아야 해요.

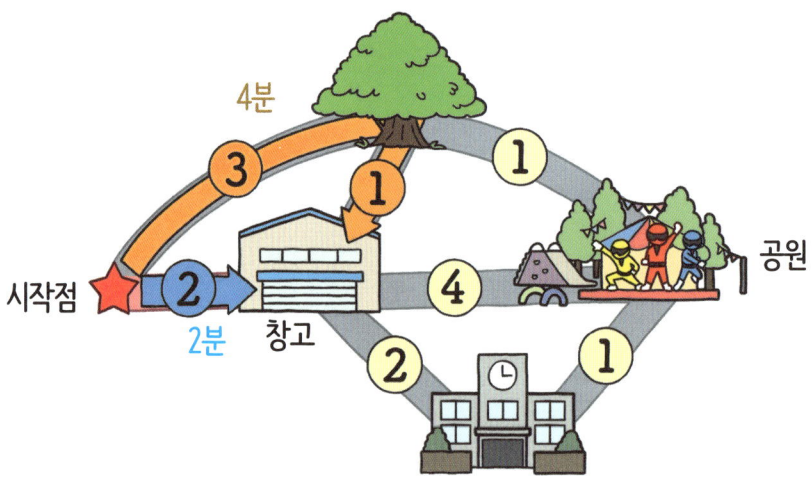

시작점에서 창고까지는 4분이 걸리는 길과 2분이 걸리는 길이 있으므로 가장 빠른 길은 2분이 걸리는 길입니다.

다음으로 창고에서 공원까지를 생각해 봅시다. 2분이 걸리는 길과 4분이 걸리는 길, 그리고 3분이 걸리는 길이 있으므로 가장 빠른 길은 2분이 걸리는 길입니다.

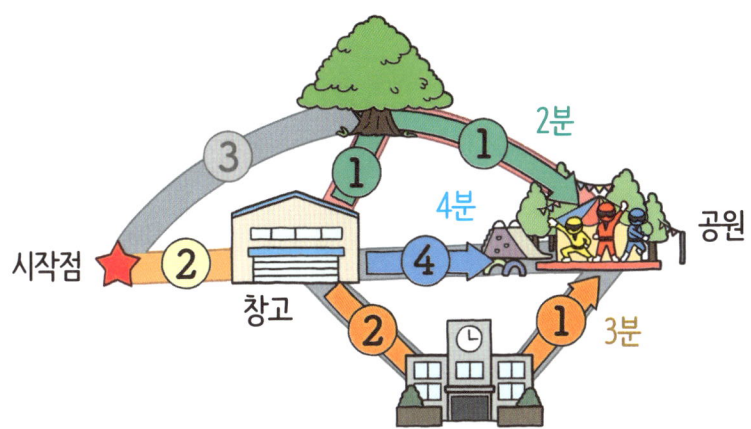

시작점에서 창고까지 가장 빠른 길이 2분 거리, 창고에서 공원까지 가장 빠른 길이 2분 거리이므로 이 둘을 더하면 4분입니다. 그러므로 시작점에서 창고를 지나 공원까지 가는 가장 빠른 길은 4분이 걸리는 걸 알 수 있어요.

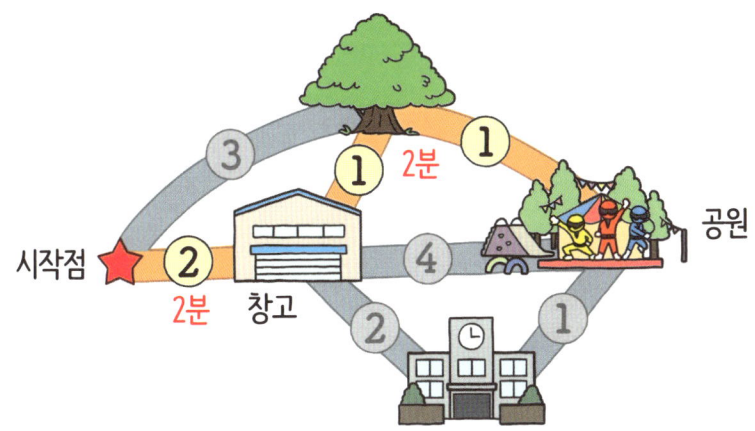

공원으로 가는 지름길을 찾자 ②
[다익스트라법]

 아아악, 큰일이야! 준비물을 못 챙겨 왔어!

 형도 정말 나만큼이나 덜렁이인 것 같아요.

 열심히 지름길을 찾아 줘서 너무 고마워. 그런데 미안하지만 편의점에도 꼭 들러야겠는데 어쩌지?

 이 근처에 편의점은 많죠! 다시 한번 가장 빠른 지름길을 찾아볼게요!

문제 18: 시작점에서 창고와 편의점을 지나 공원으로 갈 수 있는 가장 빠른 길을 찾습니다. 지도에 적힌 숫자는 그 길을 지나가는 데 몇 분이 걸리는지 알려 주는 숫자예요. 시작점에서 가장 빠른 길로 가면 몇 분 만에 공원에 도착할 수 있을까요?

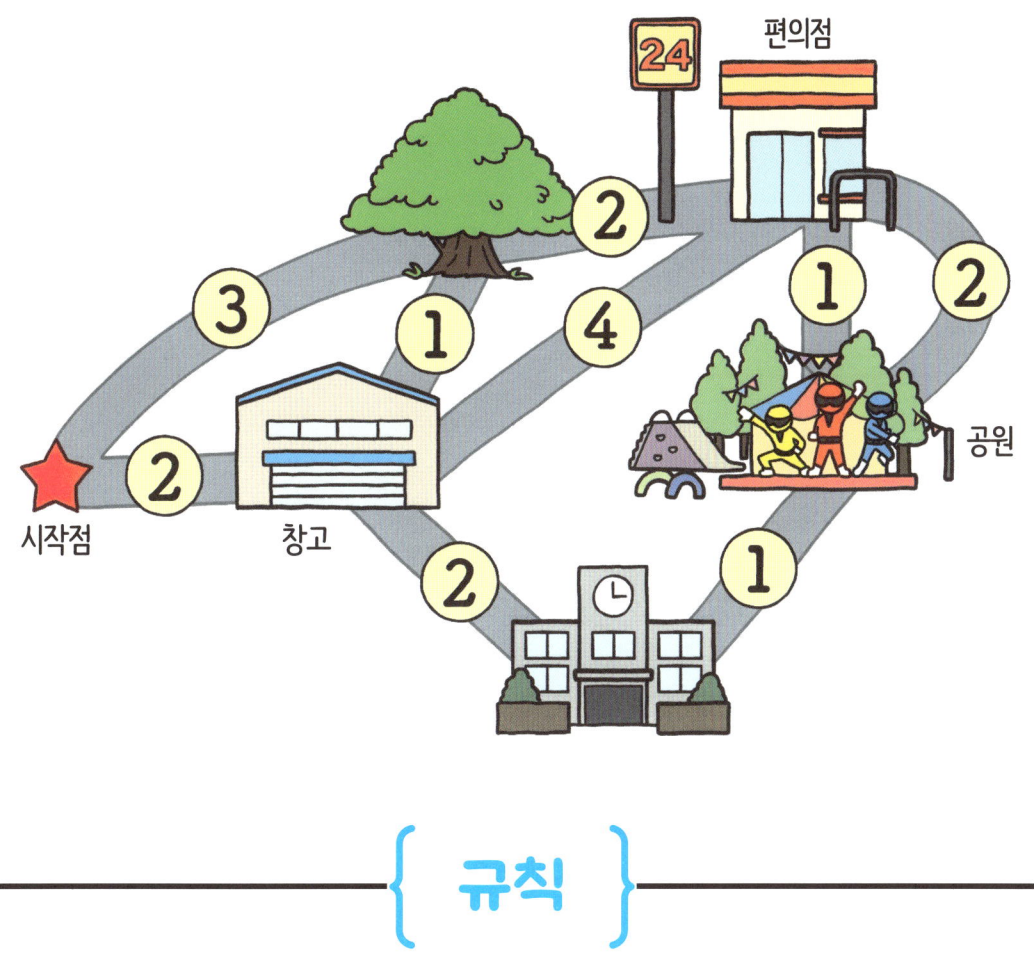

{ 규칙 }

- '시작점에서 창고까지', '창고에서 편의점까지', '편의점에서 공원까지' 각각 가장 빨리 갈 수 있는 경로를 선택합니다.
- 같은 길을 두 번 지나갈 수는 없어요.

나 혼자는 절대 못 찾았을 거야. 너희는 내 은인이야!

헤헤헤. 형, 초능력자 쇼 열심히 하세요!

---------------------{ 설명 }---------------------

우선 '시작점에서 창고까지 가장 빨리 도착하는 길'을 찾습니다.

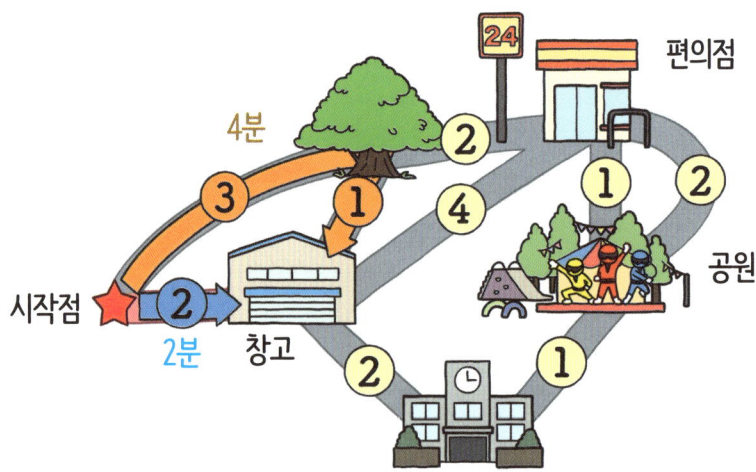

시작점에서 창고까지는 4분이 걸리는 길과 2분이 걸리는 길이 있으므로 가장 빠른 길은 2분이 걸리는 길입니다.

다음으로 '창고에서 편의점까지 가장 빨리 도착하는 길'을 고릅니다. 3분이 걸리는 길과 4분이 걸리는 길, 그리고 5분이 걸리는 길이 있으므로 가장 빠른 길은 3분이 걸리는 길입니다.

'편의점에서 공원까지 가장 빨리 도착하는 길'은 1분이 걸리는 길과 2분이 걸리는 길, 그리고 7분이 걸리는 길이 있으므로 가장 빠른 길은 1분이 걸리는 길입니다. 그러므로 시작점에서 공원까지 가장 빠른 길로 가면 2분, 3분, 1분을 모두 합해 6분이 걸립니다.

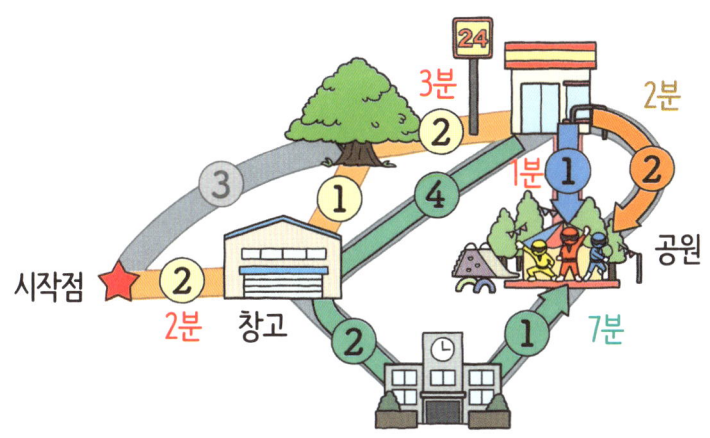

비밀 메시지를 보내자 ①
[카이사르 암호]

유토: 으음…. 무언가 좋은 방법은 없을까?

어? 넌 옆 반의 유토잖아? 무슨 고민이 있니?

다음 주에 담임 선생님 생신이어서 우리 반 아이들과 함께 선물을 드리려고 해. 선물이 뭔지 선생님은 모르게 우리끼리만 공유하고 싶은데 무슨 좋은 방법이 없을까?

나에게 좋은 아이디어가 떠올랐어! 메시지를 암호화해 보면 어떨까?

문제 19

같은 반 친구들에게 메시지를 보냅니다. 다른 사람이 보더라도 내용을 알지 못하도록 중요한 단어는 암호화했습니다(빨간 글씨). [3]으로 설정된 열쇠를 사용해서 암호를 해독해 봅시다. 원래 단어는 (1)~(3) 중 어느 것일까요?

삐.비.빅!
암.호.화.됨!

열쇠 : [3]

●●●을 드리자
~~~~~~~~~~~~
똧마쌀을 드리자

(1) 화장품   (2) 꽃다발   (3) 메모장

{ 규칙 }

● 암호는 열쇠의 숫자만큼 각 음절의 첫 자음을 뒤로 밀어 놓은 형태입니다.
● 자음의 순서는 한글 자음표의 순서에 따릅니다.

예

★ 열쇠가 [2] 라면

소꿉친구  오둡틴누
원래 단어   암호화된 단어

'소'의 자음을 두 자리 뒤로(ㅅ→ㅆ→ㅇ) → '오'
'꿉'의 자음을 두 자리 뒤로(ㄲ→ㄴ→ㄷ) → '둡'
'친'의 자음을 두 자리 뒤로(ㅊ→ㅋ→ㅌ) → '틴'
'구'의 자음을 두 자리 뒤로(ㄱ→ㄲ→ㄴ) → '누'
'오둡틴누'로 암호화

정답 ▶ (2) 꽃다발

 와, 굉장한걸! 이렇게 쓰면 절대 들키지 않겠어!

── { 설명 } ──

열쇠를 적용해 암호화된 단어 '똫마쌀'을 해독합니다. 열쇠는 [3]이므로 암호화된 음절의 첫 자음을 세 자리씩 앞으로 당겨서 원래 단어로 되돌립니다.

암호화된 단어

똫마쌀을 드리자 '똫' '마' '쌀'의 첫 자음을 모두 세 자리 앞으로 당기기

[한글 자음표]

| ㄱ | ㄲ | ㄴ | ㄷ | ㄸ | ㄹ | ㅁ | ㅂ | ㅃ | ㅅ | ㅆ | ㅇ | ㅈ | ㅉ | ㅊ | ㅋ | ㅌ | ㅍ | ㅎ |

노란 바탕은 된소리

 어려울 때는 된소리를 포함한 한글의 자음표를 생각해 보렴.

← 첫 자음을 세 자리 앞으로 당기기

원래 단어의 모든 음절 첫 자음이 열쇠의 숫자만큼 뒤로 밀렸으므로, 그만큼을 앞으로 당기면 됩니다. 그러면 '뚗'은 원래 '꽃'이었음을 알 수 있습니다.

 놓 돚 롲

'마'의 첫 자음을 세 자리 앞으로 당기면 '다'입니다.

← 첫 자음을 세 자리 앞으로 당기기

 따 라 바

← 첫 자음을 세 자리 앞으로 당기기

'쌀'의 첫 자음인 'ㅆ'을 세 자리 앞으로 당기면 '쌀'은 '발'이었음을 알 수 있습니다. 이 세 글자를 다시 붙이면 '꽃다발'이 되므로 정답은 (2)입니다.

 빨 살 알

비밀 메시지를 보내자 ②
[카이사르 암호]

 암호란 거 정말 멋지다! 우리만의 비밀 메시지를 주고받다니 가슴이 두근거려.

 이렇게 암호화를 하면 긴 문장도 들키지 않고 메시지를 잘 보낼 수 있겠지?

 응! 좋아, 반 친구들에게 선생님에게 드릴 깜짝 선물의 내용을 비밀 메시지로 보내 봐야지!

 **문제 20** 열쇠를 [3]으로 설정한 다음, 친구에게 비밀 메시지를 보냅니다. 깜짝 선물이니까 다른 사람은 알아볼 수 없도록 중요한 단어를 암호화했어요(빨간 글씨). 암호화 된 원래 단어는 무엇일까요?

깜짝 선물 내용

전쟁림 포장놔를 그린 껀키

열쇠 : [3]

●●● ●●●를 그린 ●●
~~~~~~~~~~~~~~~~~~~~~~~~~
전쟁림 포장놔를 그린 껀키

암.호.화.
완.료!

{ 규칙 }

● 암호화는 열쇠의 숫자만큼 각 음절의 첫 자음을 뒤로 밀어 놓은 형태입니다.

'ㅎ' 다음엔 다시 'ㄱ'으로 돌아가면 돼요!

예 ★ 열쇠가 [1] 이라면

하늘색  **가들쌕**

원래 단어   암호화된 단어

'하'의 첫 자음을 한 자리 뒤로 밀면 → '가'
'늘'의 첫 자음을 한 자리 뒤로 밀면 → '들'
'색'의 첫 자음을 한 자리 뒤로 밀면 → '쌕'
'가들쌕'으로 암호화됨.

선생님 초상화를 그린 편지

이제 준비는 완벽해! 깜짝 이벤트가 성공하겠어! 좋은 방법을 가르쳐 줘서 고마워.

천만에! 선생님이 기뻐하셨으면 좋겠다.

───────────────{ 설명 }───────────────

암호화된 단어를 열쇠를 적용해 해독합니다. 열쇠는 [3]이므로 암호화된 음절의 첫 자음을 세 자리씩 앞으로 당겨서 원래 단어로 되돌립니다.

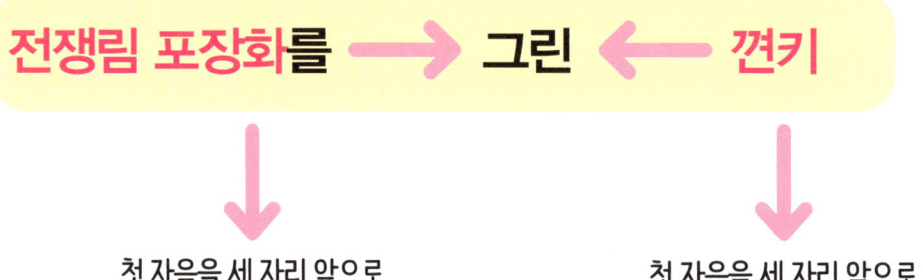

← 첫 자음을 세 자리 앞으로 당기기

… 뻔 **선** 썬 언 **전** …
… 뺑 **생** 쌩 앵 **쟁** …
… 낌 **님** 딤 띰 **림** …

원래 단어의 모든 음절 첫 자음이 열쇠의 숫자만큼 뒤로 밀렸으므로, 그만큼을 앞으로 당기면 됩니다. 열쇠는 [3]이므로 첫 음절의 자음을 모두 세 자리씩 당기면 '전쟁림'은 '선생님'이 됩니다.

'포장뇨' 역시 첫 자음을 세 자리씩 앞으로 당기면 '초상화'가 됩니다.

← 첫 자음을 세 자리 앞으로 당기기

… **초** 코 토 **포** …
… **상** 쌍 앙 **장** …
… **화** 과 꽈 **뇨** …

← 첫 자음을 세 자리 앞으로 당기기

… **편** 현 견 **껀** …
… **지** 찌 치 **키** …

그다음, '껀키'의 첫 자음을 열쇠의 숫자인 세 자리만큼 앞으로 당기면 '편지'가 나옵니다. 따라서 원래 메시지는 '선생님 초상화를 그린 편지'라는 걸 알 수 있어요.

알고리즘과 프로그래밍

우리 가까이에 있는 기계와 가전제품은 인간처럼 스스로의 생각대로 움직이지는 못해요. 그래서 우리는 미리 기계 안에 컴퓨터를 넣어서, 그때그때 상황에 맞추어 움직이도록 설정해 두었지요. 이처럼 사람이 기계를 원하는 대로 움직이기 위해 컴퓨터에 지시를 내리는 일을 '프로그래밍'이라고 해요.

컴퓨터는 지시를 내리면 하나하나 단계를 밟아서 동작을 실행하므로, 프로그래밍을 할 때는 컴퓨터가 알아들을 수 있게 목적과 순서를 지시해 주어야 한답니다.

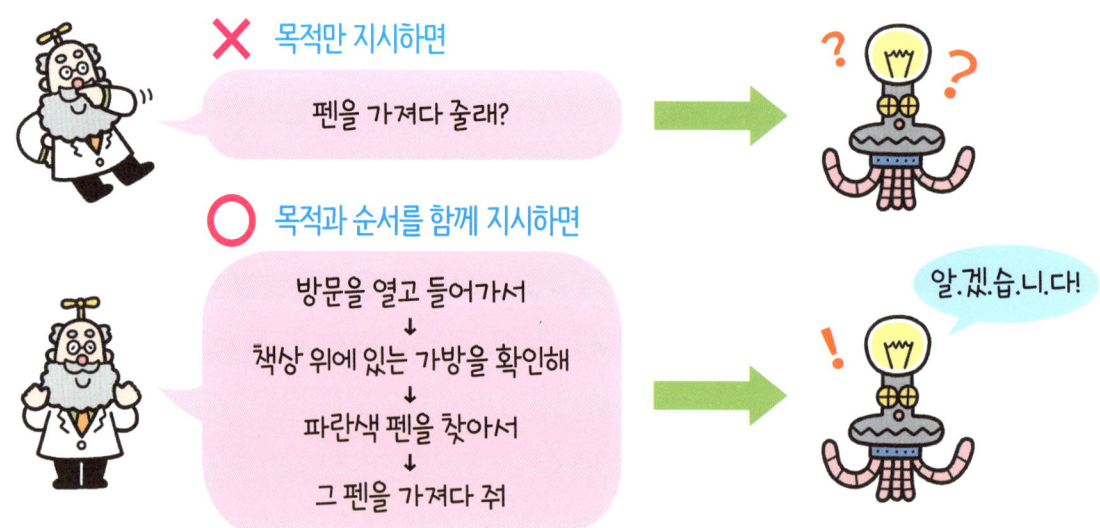

프로그래밍을 할 때는 프로그램의 흐름을 알기 쉽게 나타낸 그림인 순서도를 사용해서 생각해 보는 것도 도움이 돼요.

　3장에서는 많은 정보를 순서대로 정렬시킬 때 사용하는 '정렬 알고리즘'과 출발점부터 도착점까지 가장 빠른 길을 찾아내는 '탐색 알고리즘' 그리고 비밀 정보를 주고받을 때 다른 사람이 알지 못하게 하는 '카이사르 암호화 알고리즘'을 배웠습니다.

　알고리즘은 기계나 프로그래밍에만 사용되는 것이 아니에요. 예를 들어 우리는 카드 게임 중에 들고 있는 패를 숫자 순서대로 정리할 때나 학교에서 출석 번호순으로 프린트를 정리할 때도 '정렬(버블 정렬, 선택 정렬) 알고리즘'을 사용합니다. 그 밖에도 우리가 사전에서 단어를 찾을 때나 도서관에서 책을 찾을 때는 '탐색(선형 탐색, 이진 탐색) 알고리즘'을 사용하지요. 이렇게 실제로 우리가 무의식 중에 하는 행동 속에도 알고리즘이 숨어 있답니다.

우리도 모르는 사이에 이미 알고리즘을 사용하고 있었구나!

우리 주변의 알고리즘

음악 플레이어는 가수의 이름 순서나 제목 순서, 인기 순서 등으로 노래를 정렬할 수 있어요. 이렇게 하나의 기준에 따라서 정렬시키면 노래를 찾기도 쉬워지고, 어떤 노래의 가수가 누구인지, 요즘은 어떤 노래가 가장 인기가 많은지와 같은 정보를 한눈에 볼 수 있지요. 이때 사용되는 것이 '정렬 알고리즘'이에요. 정렬 알고리즘 종류는 여러 가지가 있는데, 제대로 된 알고리즘을 사용하지 않으면 정렬하는 데 오히려 시간이 더 걸리기도 한답니다.

음악 플레이어

지도 앱과 내비게이션의 길 안내 서비스

지도 앱이나 자동차 내비게이션에서 목적지까지의 거리를 검색하면 많은 길 중에서 가장 빨리 가는 길을 찾아 표시해 줍니다. 가까워 보이는 길보다 멀리 돌아가는 길이 실제로는 더 빨리 도착하는 경우도 있지요. 지도앱 같은 길 안내 서비스는 걸어갈 때는 언덕길이 없는 길을 선택해서 보여 주기도 하고, 지하철이나 버스를 이용할 경우 예상 도착 시간을 알려 주기도 하는 등, 다양한 방법으로 가장 빠른 경로를 찾아 줍니다. 이러한 경로 계산에는 '다익스트라법'과 같은 알고리즘이 사용돼요.

알고리즘 덕분에 우리 생활이 더욱 편리해졌구나!

4장

알고리즘을 자유롭게 활용하기

이제까지 배워온 알고리즘 총 복습! 한층 레벨업된 문제를 꼼꼼히 읽으며 한 걸음 더 나아가 보자.

그럼 조심해서 가! 또 만나자! 척척이도 고마웠어!

안녕~! 꼭 다시 만나! 약속이야!

또 만나자! 또 만나자!

집으로 가는 길을 생각해 보자 ①
[순차 구조]

 신난다~! 그럼 이제 척척 별로 가는 길을 생각해 봐야겠어요!

 이런, 계획도 안 세우고 출발부터 한 거야?

 박사님, 지구에서 척척 별로 어떻게 가야 하죠?

 척척 별로 가는 경로는 몇 가지가 있는 것 같더구나.

문제 21 어느 길을 통해 척척 별로 돌아가면 좋을지 생각해 봅시다. 다음의 (1)~(4) 중, 척척 별로 돌아갈 수 있는 길을 전부 골라 보세요.

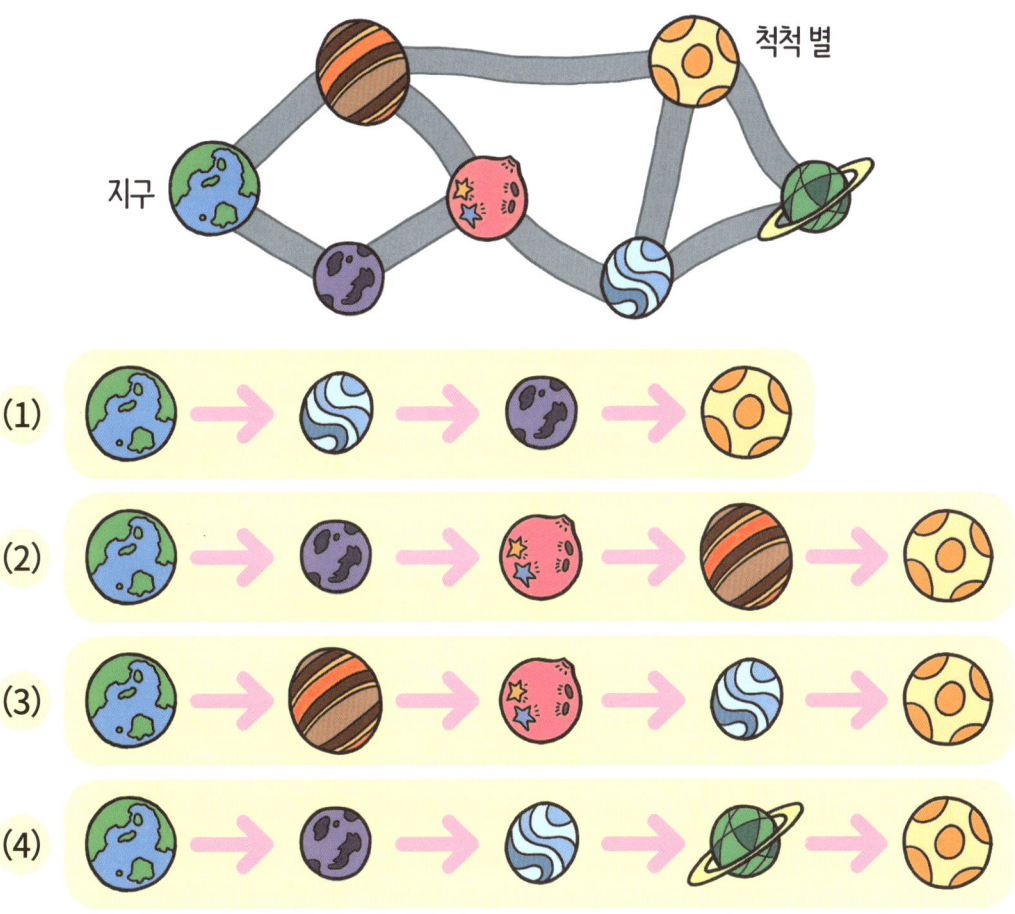

 여러 별을 지나서 척척 별까지 가면 되겠어.

지구에서 다른 별들을 순서대로 지나 척척 별로 도착하는 길인지 확인해 봅시다.

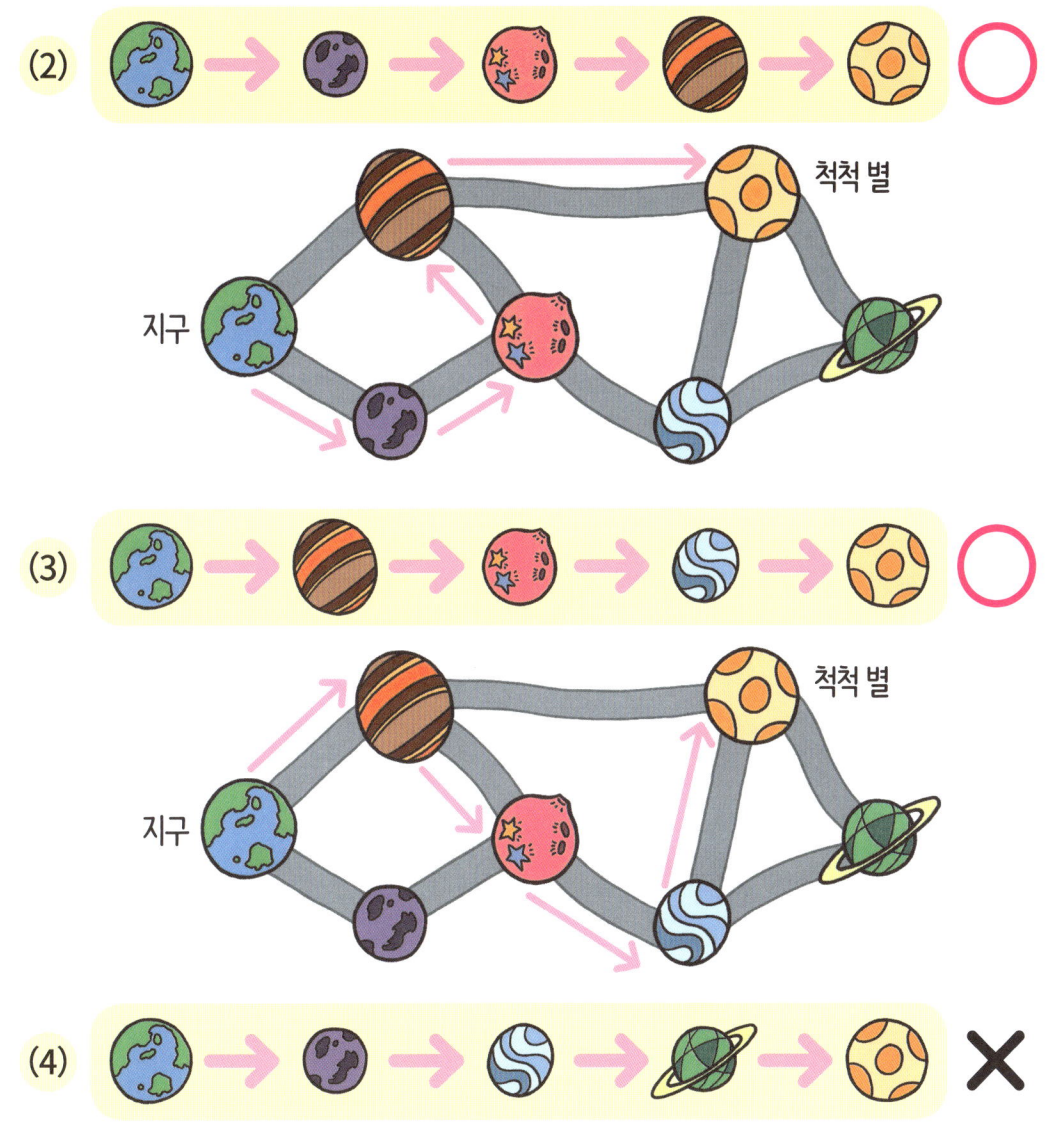

척척 별로 갈 수 있는 길은 (2)와 (3)입니다.

집으로 가는 길을 생각해 보자 ②
[다익스트라법]

 앗! 맞다! 엄마가 시킨 일이 있었는데.

 그게 뭔데?

 삑삑 별에서 심부름을 하고 집에 가야 하는 걸 깜빡했어요.

 흐음, 그렇다면 삑삑 별에 들렀다가 척척 별로 빨리 갈 수 있는 경로를 생각해 봐야겠구나.

 척척 잘 돌아가야 할 텐데 걱정이에요.

문제 22

척척 별까지 가는 가장 빠른 길을 찾습니다. 지구에서 출발한 후, 삑삑 별에 들렀다가 가장 빨리 척척 별로 가려면 몇 시간이 걸릴까요?

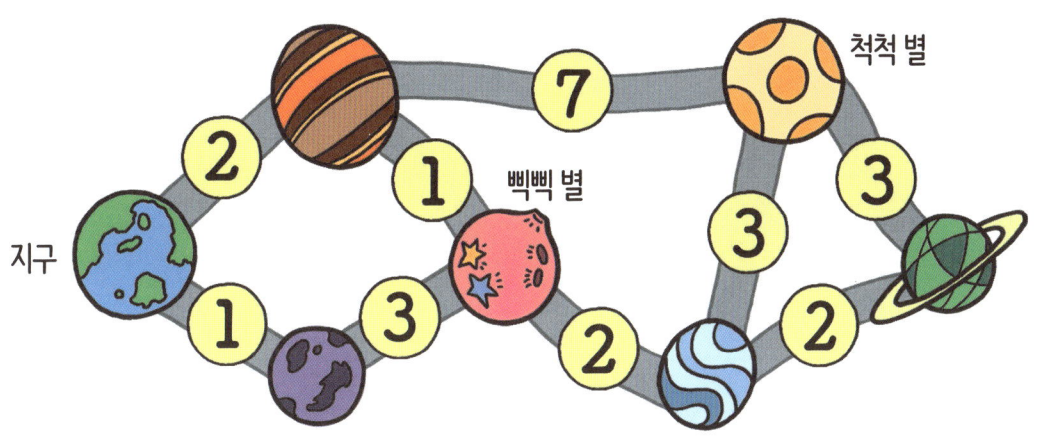

심부름하러 삑삑 별에 들렀다 가야 해!

{ 규칙 }

- 숫자는 그 길을 지나가는 데 걸리는 시간을 나타냅니다.
- '지구에서 삑삑 별까지', '삑삑 별에서 척척 별까지' 각각 가장 빨리 도착하는 길을 고릅니다.
- 같은 길을 두 번 지나갈 수는 없어요.

정답 8시간

 좋았어, 그럼 어서 삑삑 별을 향해 출발!

———————————{ 설명 }———————————

우선 '지구에서 삑삑 별까지 가장 빨리 가는 길'과 '삑삑 별에서 척척 별까지 가장 빨리 가는 길'을 찾습니다.

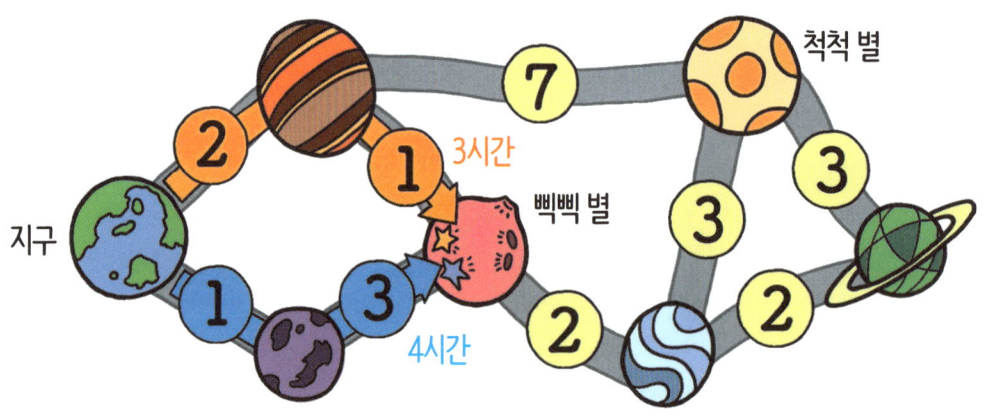

지구에서 삑삑 별까지는 4시간 걸리는 길과 3시간 걸리는 길이 있으므로, 3시간 걸리는 길을 선택합니다.

다음으로 삑삑 별에서 척척 별까지 가장 빨리 가는 길을 고릅니다. 5시간 걸리는 길과 7시간 걸리는 길이 있으므로 5시간 걸리는 길이 가장 빠른 길입니다.

지구에서 삑삑 별까지 가장 빨리 가는 길이 3시간, 삑삑 별에서 척척 별까지 가장 빨리 가는 길이 5시간이므로, 지구에서 삑삑 별을 들렀다가 척척 별까지 가는 가장 빠른 시간은 8시간입니다.

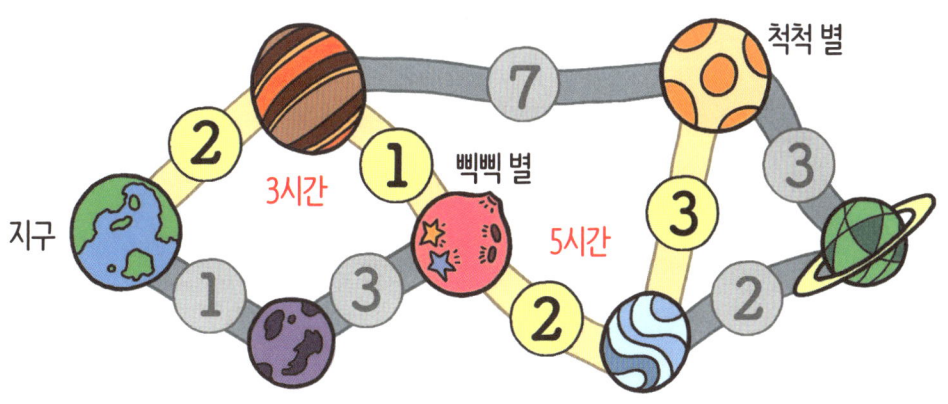

심부름을 하자 ①
[카이사르 암호]

 휴우, 드디어 삑삑 별에 도착했네요.

 오, 여기가 삑삑 별이로군. 역시 지구와는 분위기가 조금 다르구나. 그나저나 어머니가 시킨 심부름은 뭐니?

 엄마가 내용을 메모해 주셨는데… 응? 단어가 암호화되어 있잖아? 으음, 엄마가 좋아하시는 숫자가 [4]니까… 열쇠는 [4]일 거예요!

 **문제 23** 열쇠 [4]를 사용해서 암호화된 단어(빨간 글씨)를 해독해 봅시다. 암호화된 ①, ②, ③의 원래 단어는 무엇일까요?

삑삑 별에서
① 카투   ② 타뜨싸단   ③ 어쩟
을 찾아서 따오렴.
엄마가

열쇠 : [4]

심.부.름.의.
내.용.입.니.다.

{ 규칙 }

- 암호화는 열쇠의 숫자만큼 각 음절의 첫 자음을 뒤로 밀어 놓은 형태입니다.
- 자음을 뒤로 미룰 때, 'ㅎ' 다음은 자음표의 시작인 'ㄱ'으로 돌아갑니다.

정답 ① 아주 ② 자그마한 ③ 버섯

 엄마는 내가 얼마나 성장했는지 확인하고 싶었나 봐! 나도 이제 이 정도는 거뜬히 풀 수 있다고요!

--- { 설명 } ---

열쇠를 적용해 암호화된 단어를 해독합니다. 암호화된 단어는 음절의 첫 자음이 열쇠의 숫자만큼 뒤로 밀렸으므로, 다시 그만큼을 앞으로 당기면 원래 단어로 되돌릴 수 있어요.

빽빽 별에서
① 카투　② 타뜨싸단　③ 어쩟
　　　　　　　을 찾아서 가져오렴.

첫 자음을 네 자리 앞으로 당기기

← 첫 자음을 네 자리 앞으로

… 아 자 짜 차 카 …
… 주 쭈 추 쿠 투 …

열쇠는 [4]이므로 ① '카투'의 첫 자음을 모두 네 자리 앞으로 당기면 '아주'가 됩니다.

다음으로 ② '타뜨싸단'을 원래 단어로 되돌립니다. 모든 음절의 첫 자음을 네 자리씩 앞으로 당기면 원래 단어는 '자그마한'입니다.

← 첫 자음을 네 자리 앞으로

… 자 짜 차 카 타 …
… 그 끄 느 드 뜨 …
… 마 바 빠 사 싸 …
… 한 간 깐 난 단 …

← 첫 자음을 네 자리 앞으로

… 버 뻐 서 써 어 …
… 섯 썻 엇 젓 쩟 …

③ '어쩟'의 첫 자음을 모두 네 자리씩 앞으로 당기면 '버섯'이 됩니다. 따라서 암호화된 메모의 내용은 '아주 자그마한 버섯'입니다.

잘.한.다.잘.한.다!

심부름을 하자 ②
[버블 정렬 · 선택 정렬]

 아, 맞아요! 엄마가 삑삑 별에서만 자라는 귀한 버섯이 있다고 말한 적이 있어요. 빛나는 버섯인데, 크기가 작을수록 더 맛있대요.

 오, 여기 버섯이 많구나. 잔뜩 따서 작은 순서대로 정렬해 볼까?

 으~음. 이럴 때는 어떤 정렬을 사용하는 게 빠를까요?

 문제 24

버섯에 길이(cm)가 적힌 스티커를 붙이고, 왼쪽부터 작은 순서대로 정렬시킵니다. 외계인과 박사님은 각자 다른 방법으로 버섯을 정렬시키기로 했어요. 둘 중 누가 버섯을 더 빨리 정렬시킬 수 있을까요?

박사님의 방법

나는 <버블 정렬> 방식으로 정렬시켜 보마. 오른쪽 끝부터 순서대로 바로 옆에 있는 버섯과 길이를 비교한 다음, 왼쪽 버섯이 오른쪽 버섯보다 더 크면 자리를 이동시키는 방법이지. 정렬을 마칠 때까지 이걸 반복할 거란다.

저는 <선택 정렬> 방식으로 버섯을 정렬시켜 볼게요. 가장 작은 버섯을 찾아서 왼쪽 끝의 버섯과 자리를 바꿀 거예요. 그다음, 다시 나머지 버섯 중에서 가장 작은 버섯을 찾아 나머지 왼쪽 끝 버섯과 자리를 바꾸고… 이 방법을 계속 반복할래요.

외계인의 방법

(1) 박사님　　(2) 외계인　　(3) 둘이 동시에 맞힘

- 가장 적은 횟수로 버섯의 자리를 이동시켜 정렬시키는 방법을 고르세요.

정답 ▶ (2) 외계인

 때와 경우에 따라서 가장 적절한 알고리즘을 골라서 쓰니 편리하네요. 귀한 버섯이니까 깔끔하게 정렬시켜서 가져다 드려야겠어요.

── { 설명 } ──

박사님의 방법으로 정렬하려면 자리를 몇 번 이동시켜야 끝날지 생각해 봅시다.

박사님의 방법: 오른쪽 끝부터 순서대로 바로 옆에 있는 버섯과 길이(cm)를 비교한 다음, 왼쪽 버섯이 더 크면 둘의 자리를 바꾸기.

먼저, 오른쪽 끝의 두 버섯을 비교하면 오른쪽 5cm 길이 버섯이 더 크므로 자리를 바꾸지 않아도 됩니다. 그다음 1cm와 2cm 길이 버섯도 마찬가지로 자리를 바꾸지 않아도 돼요.

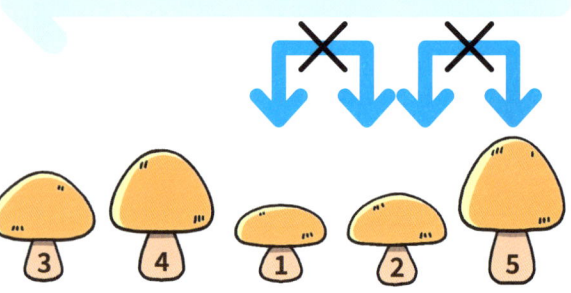

자리 이동 1회

4와 1의 자리를 바꾸기

다음, 왼쪽 4cm 길이 버섯은 오른쪽 1cm 길이 버섯보다 크므로 둘의 자리를 바꿉니다.

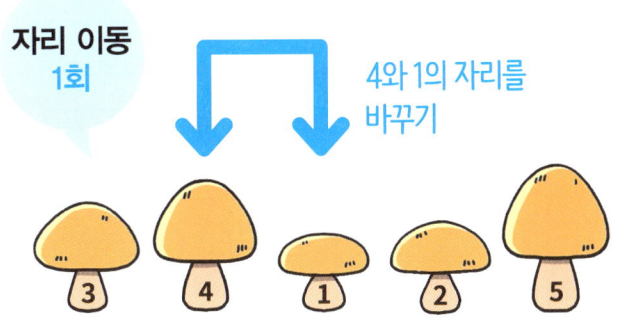

그다음, 왼쪽 끝의 버섯을 비교합니다. 왼쪽의 3cm 길이 버섯이 오른쪽의 1cm 길이 버섯보다 더 크므로 둘의 자리를 바꿉니다. 왼쪽 끝까지 비교를 마쳐, 가장 작은 버섯이 확정되었습니다.

자리 이동 2회

3과 1의 자리를 바꾸기

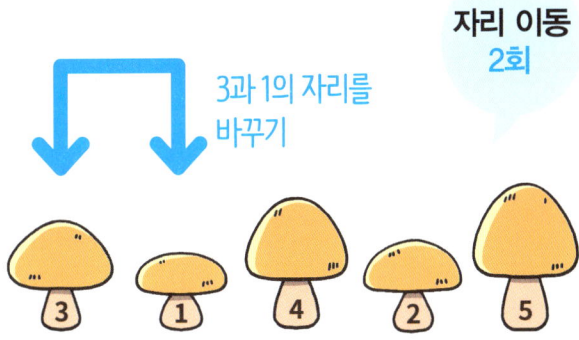

자리 이동 3회

왼쪽 끝부터 순서대로 비교하기

4와 2의 자리를 바꾸기

이제 또다시 오른쪽 끝부터 길이를 비교합니다. 2cm와 5cm 길이 버섯은 위치를 바꿀 필요가 없습니다. 그 왼쪽의 4cm와 2cm 길이 버섯은 왼쪽의 4cm 길이 버섯이 더 크므로 둘의 자리를 바꿉니다.

확정

이어서 3cm와 2cm 길이 버섯은 왼쪽의 3cm 길이 버섯이 더 크므로 둘의 위치를 바꾸어 줍니다. 왼쪽 끝은 이미 확정되었으므로 정렬을 종료합니다.

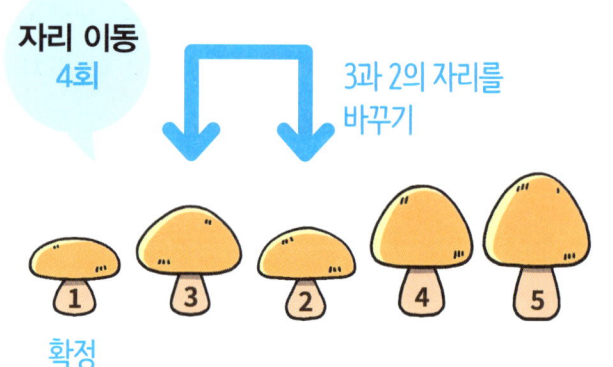

다음으로 외계인의 방법으로 버섯을 정렬해 봅시다.

외계인의 방법

가장 작은 버섯을 찾아서 왼쪽 끝 버섯과 자리를 바꿉니다. 그다음, 나머지 버섯 중에서 가장 작은 버섯을 찾아서 나머지 왼쪽 끝 버섯과 자리를 바꾸는 과정을 반복합니다.

가장 작은 버섯은 1cm 길이 버섯이므로 왼쪽 끝 버섯과 자리를 바꿉니다.

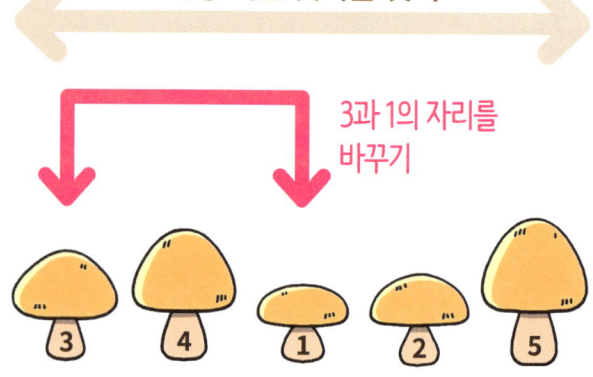

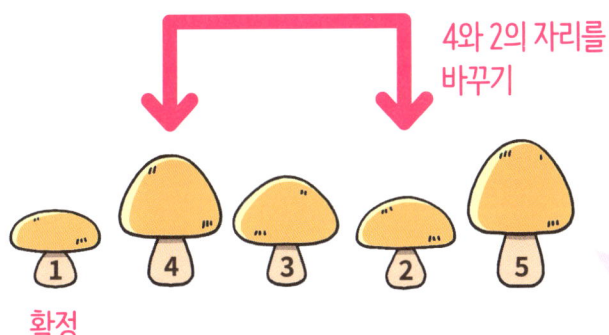

가장 작은 버섯은 왼쪽 끝으로 자리가 확정되었습니다. 그다음으로 작은 버섯은 2cm 길이 버섯입니다. 왼쪽에서 두 번째에 있는 4cm 길이 버섯과 자리를 바꿉니다.

자리 이동 2회

이제 외계인도 버섯을 모두 작은 순서대로 정렬했습니다. 외계인은 총 2번의 자리 이동으로 정렬을 마쳤고, 박사님은 총 4번의 자리 이동을 시켰기 때문에 버섯을 더 빨리 정렬시킨 것은 (2) 외계인입니다.

이번 경우는 선택 정렬을 사용하는 게 더 효율적이었어!

도움이 필요한 외계인을 돕자
[배치 최적화]

삑삑 별 아이

우와앙~, 이걸 다 어쩐담!

이런, 삑삑 별의 아이가 도움이 필요한 모양이구나.

왜 그래, 무슨 일이야?

어떡하죠? 들짐승들이 자꾸 꽃밭을 엉망으로 만들어요!

흠, 꽃밭 근처에 허수아비를 놓으면 들짐승들이 도망가지 않을까?

문제 25

들짐승이 꽃밭을 헤쳐 놓지 않도록 모든 꽃밭과 직접 연결되는 자리에 허수아비를 놓습니다. 아래의 ● 자리에 허수아비를 놓을 수 있어요. 되도록 적은 개수의 허수아비만 놓고 싶다면 몇 개의 허수아비가 필요할까요?

허수아비 놓을 장소

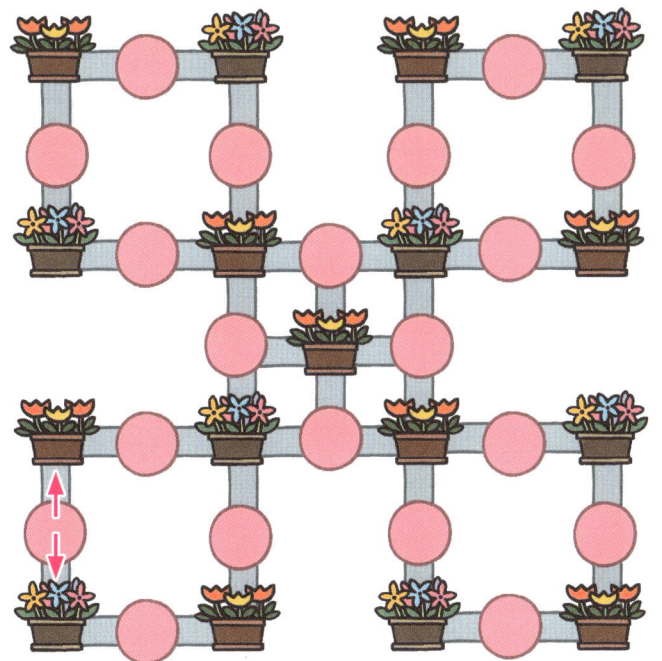

그렇다면 2개의 꽃밭과 직접 연결되는 자리에 허수아비를 놓는 게 좋겠군.

비슷한 구조가 여러 개인 걸 보니 뭔가 법칙이 있을 것 같아요!

※ ● 가 가까운 꽃밭과 직접 연결되는 자리예요.

정답 9개

 와, 척척 별 사람이라더니! 소문대로 척척 잘 해결하는구나, 정말 대단하다!

 아니야, 뭘. 에헤헤. 지구에 유학을 다녀온 덕분에 나도 알고리즘 전문가에 한 걸음 가까워진 것 같아.

— { 설명 } —

구역을 다섯 군데로 나누어 생각해 봅시다. 가장 가운데 꽃밭은 선택지가 많으니 마지막에 살펴보기로 해요. 우선, 왼쪽 위 구역부터 허수아비를 놓아 봅시다.

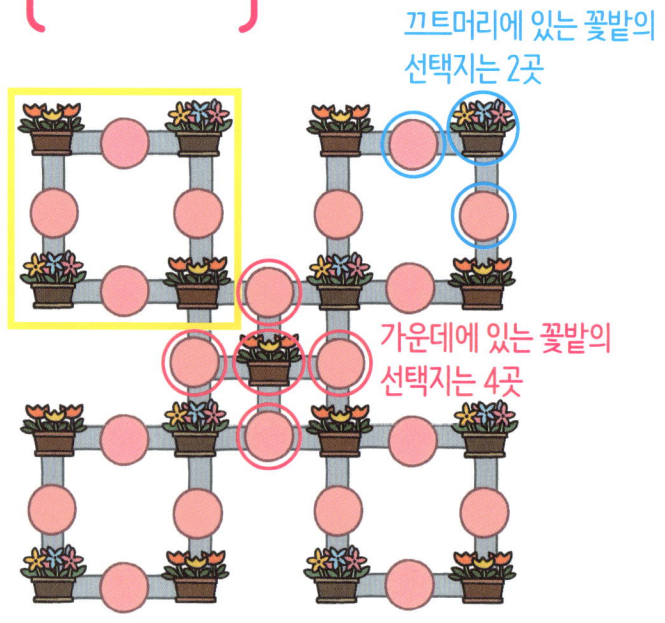

끄트머리에 있는 꽃밭의 선택지는 2곳

가운데에 있는 꽃밭의 선택지는 4곳

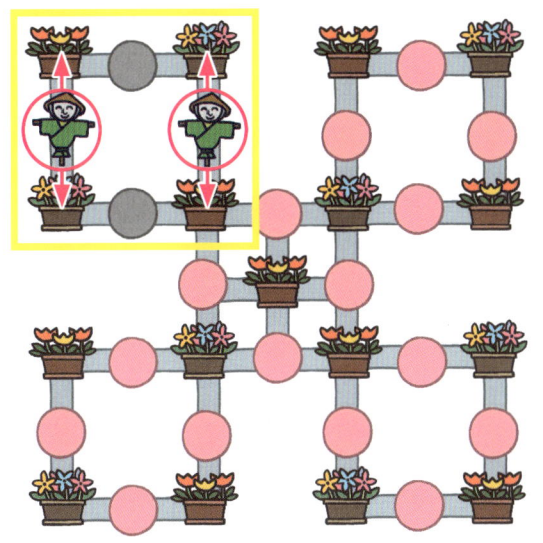

포인트는 2개의 꽃밭이 이어지는 자리에 허수아비 1개를 놓는 거예요. 꽃밭 2곳이 이어지는 자리에 허수아비를 1개씩 놓으면 허수아비 1개로 2개의 꽃밭을 지킬 수 있어요. 그러므로 왼쪽 위 구역에는 총 2개의 허수아비를 놓습니다.

오른쪽 구역도 마찬가지로 꽃밭 2곳이 이어지는 자리에 허수아비를 1개씩 놓으면 되므로, 총 2개의 허수아비를 놓습니다.

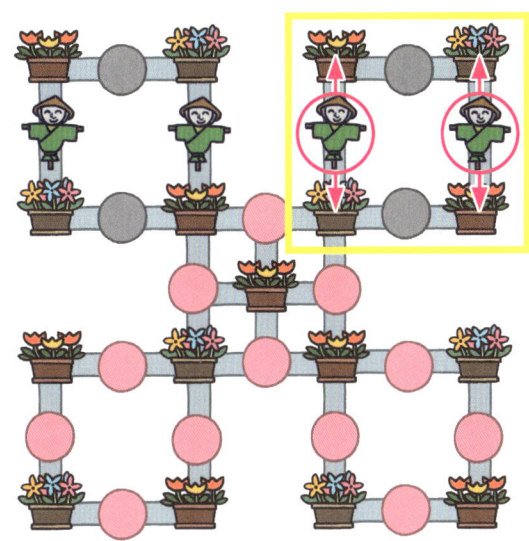

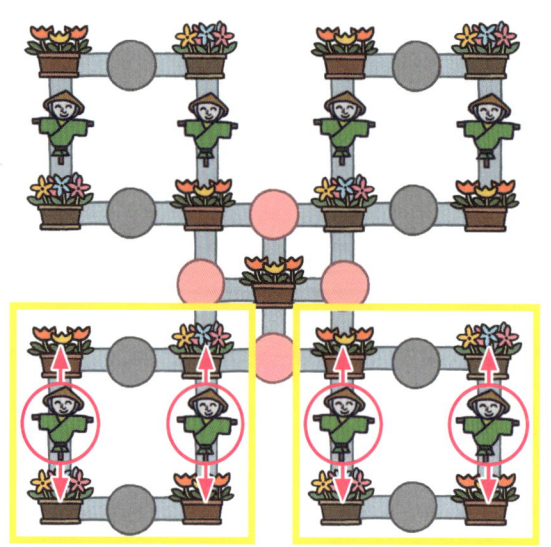

아래 두 구역도 위의 구역과 구조가 같으므로 왼편에 2개, 오른편에 2개의 허수아비를 놓습니다.

마지막으로 가운데 구역의 허수아비를 어디에 놓으면 좋을지 생각해 봅시다. 허수아비가 연결되지 않은 꽃밭은 가장 가운데 꽃밭뿐이므로, 연결되는 ● 중 1곳에 허수아비 1개 놓습니다.

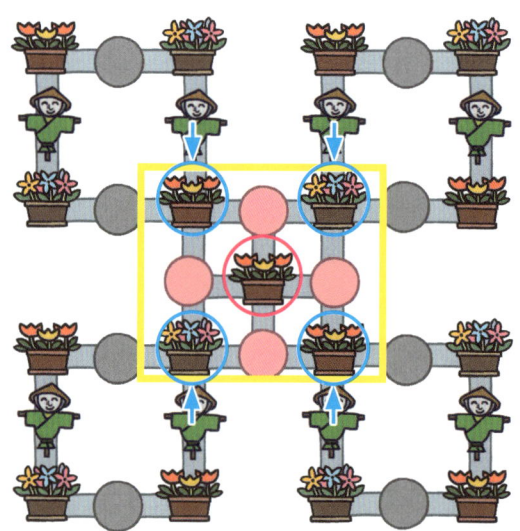

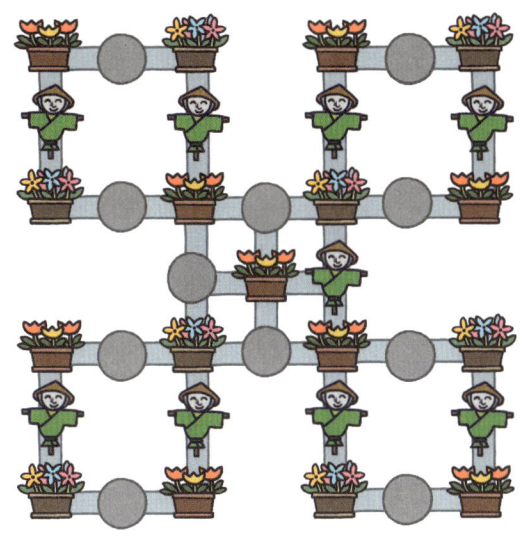

이제 모든 꽃밭이 허수아비와 연결되어 들짐승으로부터 안전해졌습니다. 꽃밭 보호에 필요한 허수아비의 최소 개수는 9개입니다.

※오른쪽 그림과 같이 생각해도 정답이에요.

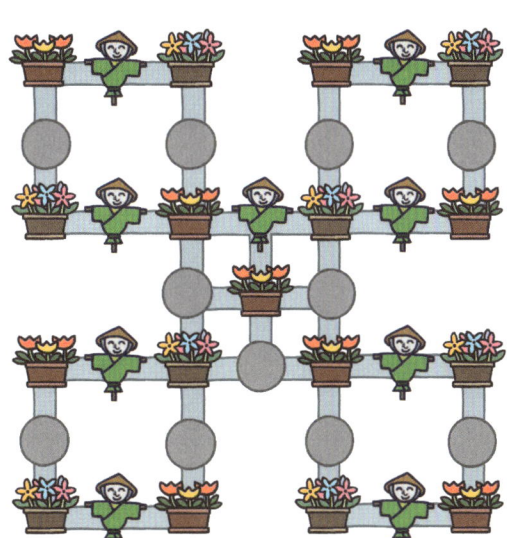

감수자의 말

알고리즘을 통해 효율적인 방법을 찾고 논리적 사고력을 키우자

　이 책은 컴퓨터의 원리인 알고리즘과 프로그래밍의 개념을 설명한 책입니다. 잘 알려진 것처럼 인터넷 시대와 스마트폰 시대를 지나 지금은 크게 발전한 인공지능 기술이 우리의 생활을 뒷받침하고 있습니다. 시대에 따라 수학 계산의 답이 바뀌지 않는 것처럼, 시간이 흐르면서 기술이 발전해도 변하지 않는 컴퓨터의 계산 처리 방식을 알고리즘이라고 합니다.

　컴퓨터의 장점 중 하나는 복잡한 문제나 많은 데이터를 정확하고 효율적으로 처리할 수 있는 것입니다. 이 책에서는 데이터를 작은 순서대로 정렬시키는 알고리즘인 버블 정렬과 선택 정렬을 배웠습니다. 이렇게 하나의 기준에 따라서 데이터의 순서를 새정리하는 알고리즘을 '정렬 알고리즘'이라고 합니다. 정렬 알고리즘 덕분에 우리는 많은 메일과 메시지 등을 주고받으면서도 날짜 순서대로 정렬해 읽을 수도 있고, 보낸 사람의 이름 순서대로 나누어서 살펴볼 수도 있습니다.

이러한 배경에서 오늘날 전 세계 국가들이 다가올 새로운 미래를 대비해 컴퓨터 교육을 중시하고 있습니다. 여러분이 이 책으로 재미있게 공부하며 알고리즘과 프로그래밍의 개념을 자연스레 익히기를 기대합니다. 알고리즘으로 사고하는 방식을 익히면 논리적으로 사고할 수 있게 되고, 공부를 할 때나 생활 속에서도 효율적인 방법을 찾아낼 수 있을 것입니다. 또 AI 시대를 살아가는 데 필요한 논리적인 사고력을 키우는 데도 도움이 되기를 바랍니다.

가네무네 스스무

알고리즘 다시 보기

자, 복습해 봅시다.
이 책에서 소개한 것 말고도 알고리즘에는 많은 종류가 있어요.
궁금하다면 더 다양한 알고리즘을 공부해 보세요.

알고리즘의 기본 구조는?

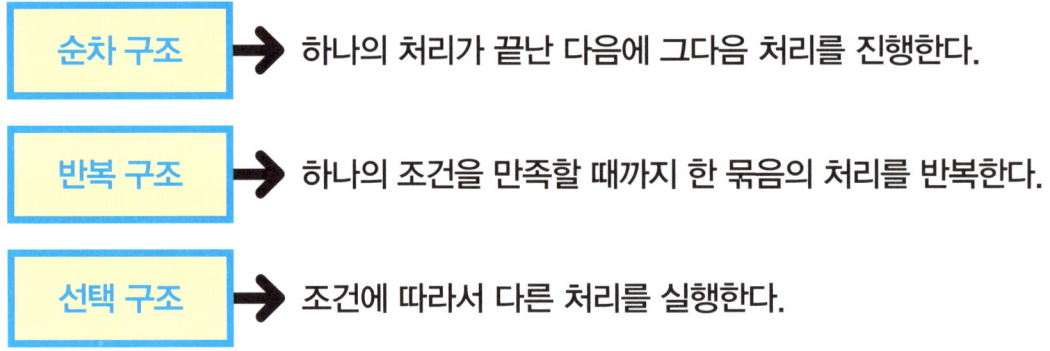

- 순차 구조 → 하나의 처리가 끝난 다음에 그다음 처리를 진행한다.
- 반복 구조 → 하나의 조건을 만족할 때까지 한 묶음의 처리를 반복한다.
- 선택 구조 → 조건에 따라서 다른 처리를 실행한다.

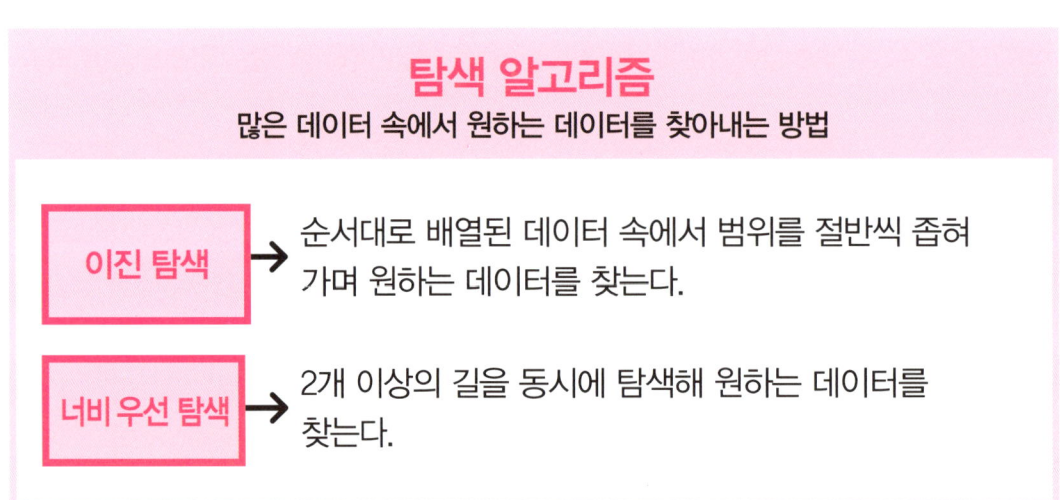

탐색 알고리즘
많은 데이터 속에서 원하는 데이터를 찾아내는 방법

- 이진 탐색 → 순서대로 배열된 데이터 속에서 범위를 절반씩 좁혀 가며 원하는 데이터를 찾는다.
- 너비 우선 탐색 → 2개 이상의 길을 동시에 탐색해 원하는 데이터를 찾는다.

'정렬'은 조건에 맞추어 '다시 배열한다'는 뜻이지.

정렬 알고리즘
데이터를 크고 작은 순서대로 다시 배열하는 방법

버블 정렬 → 나란히 자리한 2개의 데이터를 비교 후, 위치를 바꾸면서 순서대로 데이터를 정렬한다.

선택 정렬 → 가장 작은(또는 가장 큰) 데이터 찾기를 반복하면서 순서대로 데이터를 정렬한다.

배치 최적화 → 조건을 충족하는 답 중에서 가장 좋은 답을 찾아내서, 시설이나 물건을 가장 적절한 자리에 배치한다.

다익스트라법 → 출발점에서 도착점까지, 다양한 경로 중에서 가장 빠른 길을 찾아낸다.

카이사르 암호 → 비밀 정보를 주고받을 때, 다른 사람이 내용을 알아볼 수 없게 암호화한다.

글쓴이 시마부쿠 마이코
오사카전기통신대학대학원 공학연구과 박사 과정을 수료하고 현재 오사카전기통신대학 특임 강사이다. 쓴 책으로 《연습 문제의 왕 – 즐거운 프로그래밍》 시리즈가 있다.

감수 가네무네 스스무
쓰쿠바대학대학원 비즈니스과학연구과 박사 과정을 수료하고 현재 오사카전기통신대학 공학부 전자기계공학과 교수겸 부학장이다. 쓴 책으로 《연습 문제로 배우는 프로그래밍》(공저) 등이 있다.

옮긴이 윤재
좋은 책, 재미있는 책을 많은 사람과 함께 읽고 싶어서 일하는 출판 기획자 겸 번역가. 기획부터 원서 발굴, 외서 검토, 편집과 번역까지 때에 따라 역할을 바꾸며 좋은 책이 더 빛나는 모습으로 독자들과 가까이 만날 수 있도록 책 뒤에서 갖은 열정을 불태우고 있다. 《펭귄의 사생활》, 《게으른 족제비와 말을 알아듣는 로봇》, 《과학 용어 도감》, 《세상 모든 화학 이야기》, 《우주를 읽는 키워드, 물리상수 이야기》, 《나의 첫 컴퓨터 사이언스》 등 여러 권의 책을 우리말로 옮겼다.

RONRITEKISHIKORYOKU O MINITSUKERU HAJIMETENO ALGORITHM
written by Maiko Shimabuku, supervised by Susumu Kanemune
copyright © 2024 Maiko Shimabuku
All rights reserved.
Original Japanese edition published by Kumon Publishing Co., Ltd.

Korean translation copyright © 2025 CHUNG-A PUBLISHING CO.
This Korean edition is published by arrangement with Kumon Publishing Co., Ltd., Tokyo in care of Tuttle-Mori Agency, Inc., Tokyo, through Danny Hong Agency, Korea

이 책의 한국어판 저작권은 대니홍 에이전시를 통한 저작권사와의 독점계약으로 청아출판사(봄마중)에 있습니다.
저작권법에 의해 한국 내에서 보호를 받는 저작물이므로 무단전재와 복제를 금합니다.

AI 시대의 컴퓨팅 사고력
쉽게 이해하는 알고리즘

초판 1쇄 발행 2025. 4. 25.

글쓴이	시마부쿠 마이코
옮긴이	윤재
발행인	이상용 이성훈
발행처	봄마중
출판등록	제2022-000024호
편집협력	CADEC. Inc.
일러스트	마쓰무라 아키히로(만화/캐릭터), 아라가네 히로미(설문/면지)
주소	경기도 파주시 회동길 363-15
대표전화	031-955-6031
팩스	031-955-6036
전자우편	bom-majung@naver.com

ISBN 979-11-94728-01-6 73000

값은 뒤표지에 있습니다.
잘못된 책은 구입한 서점에서 바꾸어 드립니다.
본 도서에 대한 문의사항은 이메일을 통해 주십시오.

봄마중은 청아출판사의 청소년·아동 브랜드입니다.

 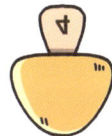